SECRETOS DEL SEO EN ETSY

DESBLOQUEA EL #1 EN LOS RESULTADOS DE BÚSQUEDA

Publicado por Halcyon Press

CONTENIDO

Capítulo 1:
La Fundación del SEO en Etsy

Entendiendo el algoritmo de búsqueda de Etsy

Hoy, nos sumergimos en el fascinante mundo del algoritmo de búsqueda de Etsy para ayudarte a entender cómo funciona. ¡Créeme, no es tan complejo como parece!

Comencemos desentrañando los secretos de este algoritmo. El algoritmo de búsqueda de Etsy tiene como objetivo ayudar a los compradores a encontrar los productos más relevantes y atractivos. Considera varios factores para determinar los rankings de búsqueda, y entender estos puede darte una ventaja competitiva.

Un factor clave que influye en los rankings de búsqueda en Etsy es la relevancia. El algoritmo analiza el título, las etiquetas y la descripción de tu anuncio para evaluar su relevancia para una consulta de búsqueda del comprador. Por lo tanto, es crucial optimizar estos elementos con palabras clave y frases relevantes. Por ejemplo, si vendes jabón hecho a mano, incluye palabras clave como 'jabón hecho a mano', 'jabón orgánico', o atributos específicos que hagan único a tu producto.

Sin embargo, la relevancia no es el único factor crucial. La experiencia del cliente también juega un

> *Uno de los factores clave que influyen en las clasificaciones de búsqueda en Etsy es la relevancia.*

papel significativo. Etsy busca asegurar una experiencia positiva en la plataforma, recompensando a los vendedores que proporcionan un servicio excepcional y satisfacción.

¿Por qué importa la experiencia del cliente para los rankings de búsqueda? Cuando los compradores disfrutan de una gran experiencia con tu tienda, es más probable que dejen reseñas positivas, te recomienden y se involucren con tus anuncios. Todas estas acciones mejoran la reputación de tu tienda y, a su vez, tus rankings de búsqueda.

Para mejorar la experiencia del cliente, enfócate en ofrecer una comunicación excelente, envío rápido y un embalaje superior. Responde rápidamente a las consultas, proporciona descripciones detalladas de los productos y envía los pedidos puntualmente.

Además, Etsy considera las reseñas de los clientes al determinar los rankings de búsqueda. Más reseñas positivas mejoran tus posibilidades de clasificarte más alto. Los clientes satisfechos tienen más probabilidades de dejar reseñas favorables, así que esfuérzate por proporcionar productos y servicios de primera calidad.

Como vendedor en Etsy, tu objetivo debe ser optimizar tus anuncios para la relevancia y proporcionar una experiencia excepcional al cliente. Este enfoque mejorará tus rankings de búsqueda y atraerá a más compradores a tu tienda.

Recuerda, combinar la relevancia con la experiencia del cliente es clave para el éxito en Etsy. Da lo mejor de ti, deleita a tus clientes y mira cómo suben tus rankings de búsqueda.

¡Feliz venta!

Relevancia de las palabras clave y su importancia

Entender la relevancia de las palabras clave es vital para optimizar tus anuncios y mejorar los rankings de búsqueda. Las palabras clave son las palabras o frases que los clientes usan para buscar productos en Etsy. Incorporar palabras clave relevantes aumenta tu visibilidad y atrae a compradores potenciales.

La relevancia de las palabras clave significa cuán estrechamente coinciden tus palabras clave elegidas con los términos de búsqueda de los clientes potenciales. Por ejemplo, si vendes joyería hecha a mano, usar palabras clave como 'aretes únicos' y 'collares hechos a mano' hace que tus anuncios sean más relevantes para esas búsquedas específicas.

La relevancia de las palabras clave es crucial porque el algoritmo de búsqueda de Etsy busca anuncios que sean tanto relevantes como de alta calidad. Palabras clave relevantes aumentan tus posibilidades de aparecer en los resultados de búsqueda.

Además, la relevancia de las palabras clave te ayuda a destacar. Elegir palabras clave precisas apunta a necesidades y preferencias específicas del cliente. Por ejemplo, si vendes ropa vintage única, usar palabras clave como 'vestidos retro' o 'moda vintage' atrae a clientes que buscan específicamente esos artículos.

Profundicemos en ejemplos específicos para ilustrar la diferencia entre palabras clave relevantes y no relevantes para varios productos:

Joyería Hecha a Mano:

Palabras Clave Relevantes: 'collar de plata artesanal', 'joyería con colgante de amatista', 'aretes artesanales'.

Palabras Clave No Relevantes: 'joyería barata de moda', 'accesorios de producción en masa', 'collares producidos en masa'.

Ropa Vintage Única:

Palabras Clave Relevantes: 'vestidos vintage de los años 50', 'ropa retro', 'moda antigua para mujeres'.

Palabras Clave No Relevantes: 'vestidos de moda moderna', 'ropa contemporánea para mujeres', 'tendencias de moda actuales'.

Jabones Hechos a Mano:

Palabras Clave Relevantes: 'jabón orgánico de lavanda', 'jabón vegano hecho a mano', 'productos naturales para el cuidado de la piel'.

Palabras Clave No Relevantes: 'marcas comerciales de jabón', 'gel de baño químico', 'fragancias sintéticas'.

Arte Personalizado:

Palabras Clave Relevantes: 'pintura de retrato personalizado', 'arte mural pintado a mano', 'arte en lienzo personalizado'.

Palabras Clave No Relevantes: 'impresiones producidas en masa', 'descargas de imágenes digitales', 'fotografías de archivo'.

Decoración Ecológica para el Hogar:

Palabras Clave Relevantes: 'muebles sostenibles para el hogar', 'decoración de madera reciclada', 'accesorios ecológicos para la sala de estar'.

Palabras Clave No Relevantes: 'decoraciones de plástico para el hogar', 'plantas artificiales', 'materiales no biodegradables'.

La relevancia de las palabras clave implica cuán estrechamente se alinean tus palabras clave elegidas con los términos de búsqueda y las necesidades de tu público objetivo. Por ejemplo, si vendes joyería hecha a mano, usar palabras clave específicas como 'aretes de plata únicos' o 'collares de piedras preciosas hechos a mano' dirige a los clientes que buscan directamente esos artículos.

El algoritmo de búsqueda de Etsy prioriza anuncios que son tanto relevantes como de alta calidad. Palabras clave precisas y relevantes mejoran tu visibilidad en los resultados de búsqueda y te ayudan a destacar al dirigirte a intereses y preferencias específicas del cliente. Por ejemplo, para ropa vintage única, palabras clave como 'vestidos vintage para flappers' o 'moda retro clásica' atraerán a clientes que buscan específicamente esos estilos.

Al elegir palabras clave relevantes, atiendes a las necesidades y preferencias específicas de tu público objetivo. Este enfoque dirigido no solo mejora tu visibilidad en los resultados de búsqueda, sino que también ayuda a atraer al tipo correcto de cliente: aquellos que están genuinamente interesados en lo que ofreces.

Por el contrario, usar palabras clave no relevantes puede diluir la efectividad de tu anuncio. Por ejemplo, usar términos amplios o genéricos como 'ropa' o 'accesorios' para ropa vintage podría atraer a una amplia gama de compradores, pero muchos pueden no estar interesados específicamente en estilos vintage. Esto puede llevar a tasas de conversión más bajas y potencialmente afectar la reputación de tu tienda debido a expectativas desajustadas de los clientes.

En resumen, la relevancia de las palabras clave en tus anuncios de Etsy es un factor crítico en la optimización de búsqueda. Ayuda a alinear tus productos con las búsquedas y necesidades específicas de tu público objetivo, mejorando así las posibilidades de que tus anuncios sean encontrados y comprados. Este enfoque estratégico en la selección de palabras clave es clave para destacar en un mercado competitivo como Etsy.

LA SATISFACCIÓN DEL CLIENTE ES ESENCIAL
Proporcionar una excelente experiencia al cliente es clave para vender en Etsy.

La experiencia del cliente es importante porque las interacciones positivas conducen a un aumento de las ventas, la satisfacción del cliente y mejores clasificaciones en las búsquedas.

El papel de la experiencia del cliente y del mercado

Proporcionar una gran experiencia al cliente y en el mercado es clave para vender en Etsy. Asegura la satisfacción del cliente y mejora tus rankings de búsqueda. Aquí exploraremos cómo una experiencia positiva del cliente y del mercado impacta tu SEO en Etsy.

La experiencia del cliente importa porque las interacciones positivas llevan a un aumento en ventas, satisfacción del cliente y rankings de búsqueda más altos. Etsy prioriza las tiendas con un buen historial de servicio excepcional y una experiencia fluida en el mercado. Las experiencias consistentemente excelentes aumentan tu visibilidad para compradores potenciales.

Mejorar tu experiencia en el mercado puede impulsar tus rankings de búsqueda. Aquí tienes algunos consejos:

1. Proporciona descripciones de productos claras y detalladas:

Escribe descripciones de productos claras y detalladas, incluyendo materiales, dimensiones y opciones de personalización. Esto ayuda a los clientes a tomar decisiones informadas y mejora la visibilidad.

2. Ofrece un excelente soporte al cliente:

Ofrece un excelente soporte al cliente. Responde de manera rápida y profesional para resolver problemas, mejorando la confianza del comprador.

3. Optimiza las políticas de tu tienda:

Describe claramente las políticas de tu tienda sobre envíos, devoluciones y reembolsos. La transparencia genera confianza y credibilidad.

4. Considera ofrecer envío gratuito o descuentos:

Considera ofrecer envío gratuito o descuentos para atraer clientes y generar ventas, beneficiando tanto a los clientes como a tu ranking de búsqueda.

5. Presta atención al embalaje y al envío:

Concéntrate en el embalaje y el envío. Artículos bien empaquetados y enviados a tiempo mejoran la experiencia del cliente, lo que lleva a reseñas positivas y recomendaciones.

Al centrarte en la experiencia del cliente y del mercado, puedes mejorar tus rankings de búsqueda en Etsy y atraer a más compradores potenciales. Proporcionar una experiencia de compra profesional y agradable beneficia tanto a tu negocio como a tus clientes.

Capítulo 2:
Esenciales en la Investigación de Palabras Clave

Cómo identificar palabras clave de alto potencial

La investigación efectiva de palabras clave es vital para darle una ventaja competitiva a tus listados en Etsy. Esta sección compartirá algunas técnicas prácticas y herramientas para ayudarte a identificar palabras clave de alto potencial.

Primero, entiende a tu público objetivo y su intención de búsqueda. Piensa desde la perspectiva de tus clientes sobre qué palabras clave podrían usar para encontrar productos como los tuyos. Por ejemplo, si vendes aretes hechos a mano, palabras clave adecuadas podrían ser 'aretes boho', 'aretes delicados' o 'aretes llamativos'.

La investigación de competidores es otro método para descubrir palabras clave de alto potencial. Observa tiendas populares en tu nicho y anota las palabras clave que usan en

Ponte en el lugar de tus clientes y piensa en qué palabras clave podrían usar para encontrar productos como los tuyos.

sus listados. Esto te da información sobre palabras clave efectivas, pero asegúrate de agregar un giro único para distinguir tus productos.

Utiliza herramientas de investigación de palabras clave como Google Keyword Planner, SEMrush o Moz Keyword Explorer. Proporcionan datos valiosos sobre el volumen de búsqueda, la competencia y palabras clave relacionadas, ayudándote a encontrar palabras clave con alto potencial de búsqueda y menor competencia.

Palabras Clave de Cola Larga vs Palabras Clave Más Cortas:

Palabras Clave Más Cortas: Estas suelen ser amplias y genéricas, lo que conduce a una alta competencia. Por ejemplo, 'pendientes', 'jabones' o 'bufandas'.

Palabras Clave de Cola Larga: Estas son más específicas y dirigidas, lo que generalmente resulta en menor competencia y tasas de conversión más altas. Por ejemplo:

Para pendientes hechos a mano: En lugar de solo 'pendientes', usa 'pendientes colgantes de cristal hechos a mano' o 'pendientes de perla de inspiración vintage'.

Para jabones artesanales: En lugar de 'jabones', usa 'jabones de manteca de karité y lavanda orgánica' o 'barras exfoliantes de carbón hechas a mano'.

Para bufandas personalizadas: En lugar de 'bufandas', usa 'bufandas de lana tejidas a mano para el invierno' o 'bufandas de seda con estampado floral personalizado'.

El uso de palabras clave de cola larga, como 'pendientes de cristal hechos a mano' o 'pendientes geométricos de latón', puede atraer clientes específicos que buscan esos productos. Experimenta con diferentes palabras clave y revisa las analíticas de tu tienda en Etsy para ver cuáles generan más tráfico y conversiones. Continuamente, ajusta y mejora tu estrategia de palabras clave basándote en estos datos. La investigación efectiva de palabras clave combina comprensión de tu audiencia, análisis de competidores, y uso de herramientas especializadas, enfocándose en palabras clave de cola larga para mejorar la visibilidad y éxito en Etsy.

Herramientas para una investigación de palabras clave efectiva

Cuando se trata de realizar una investigación efectiva de palabras clave en Etsy, hay varias herramientas disponibles que pueden ayudarte a descubrir palabras clave valiosas y mejorar la visibilidad de tus listados.

1. Barra de búsqueda de Etsy:

La barra de búsqueda de Etsy es un gran punto de partida para la investigación de palabras clave. Simplemente escribe términos de búsqueda relevantes relacionados con tus productos y observa qué otras palabras clave sugiere Etsy. Esto puede darte información sobre palabras clave populares que los compradores están usando y ayudarte a optimizar tus listados en consecuencia.

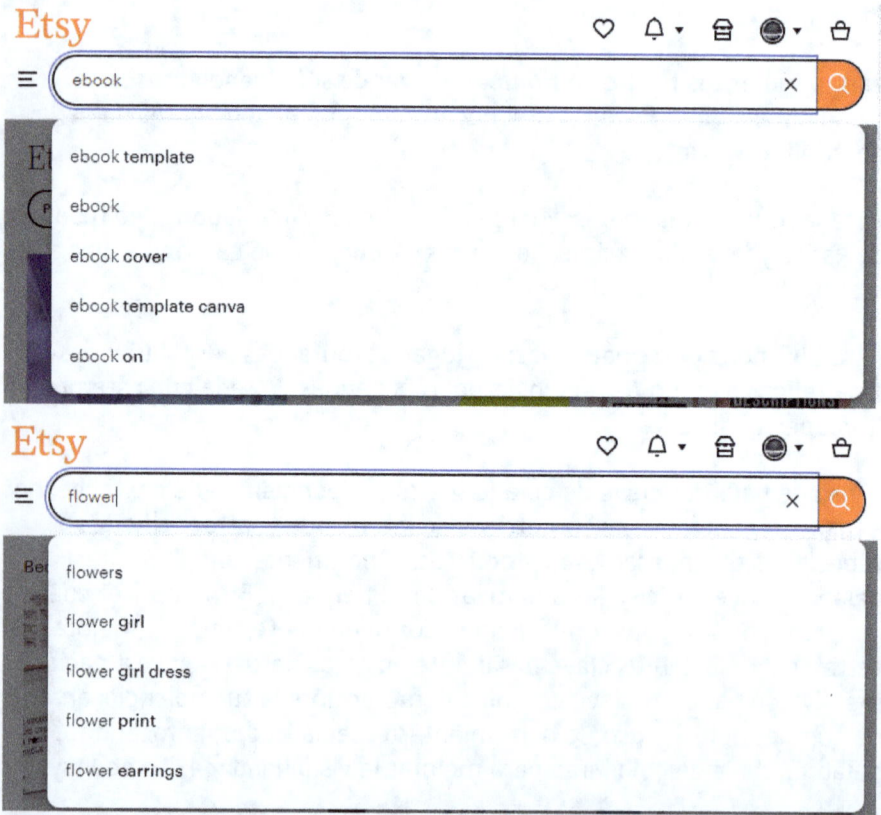

2. Planificador de palabras clave de Google:

El Planificador de palabras clave de Google es otra herramienta poderosa que se puede usar para la investigación de palabras clave en Etsy. Aunque está diseñado principalmente para Google AdWords, también puede proporcionar sugerencias valiosas de palabras clave y estimar volúmenes de búsqueda para términos específicos. Al comprender el volumen de búsqueda de ciertas palabras clave, puedes apuntar a las que tienen volúmenes de búsqueda más altos para llegar a una audiencia más amplia.

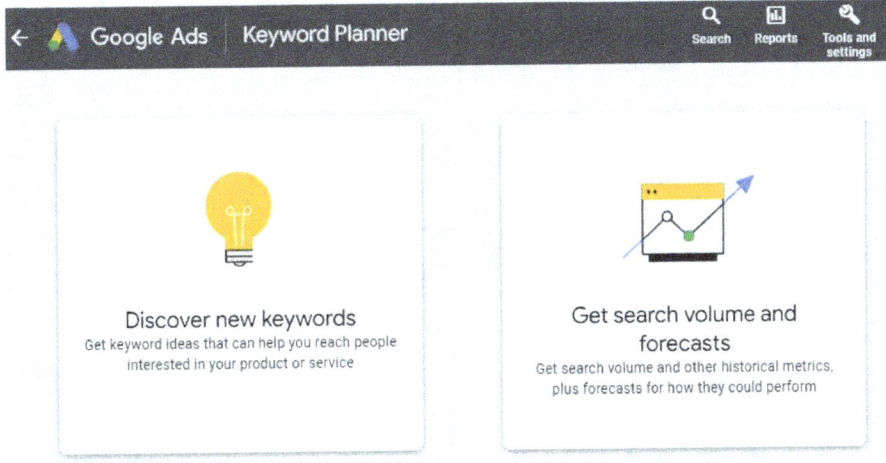

Analizando la competencia y la demanda del mercado

Elegir las palabras clave correctas es crucial para el éxito en Etsy. Seleccionar palabras clave menos competitivas aumenta la probabilidad de que tus productos sean vistos y comprados. Esta sección explora estrategias para evaluar la competencia de palabras clave y tomar decisiones informadas.

Para evaluar la competencia de palabras clave, analiza la cantidad de listados para una búsqueda específica de palabras clave. Una gran cantidad de listados indica una competencia intensa, mientras que menos listados sugieren una competencia menor.

Además, evalúa la calidad de los listados de mayor rango. Listados presentados profesionalmente con numerosas reseñas positivas implican una fuerte competencia.

Investiga la demanda del mercado para las palabras clave utilizando herramientas que proporcionen datos de volumen de búsqueda y tendencias. Esto ayuda a identificar palabras clave de alta demanda.

Combina análisis de la competencia de palabras clave y la demanda del mercado para encontrar palabras clave con un buen equilibrio. Por ejemplo, una palabra clave con baja competencia y alta demanda del mercado presenta una valiosa oportunidad de optimización.

Recuerda, encontrar palabras clave efectivas en Etsy requiere monitoreo y ajuste continuos basados en la competencia y la demanda del mercado en evolución.

Capítulo 3:
Creando Listados Perfectos

Optimizando títulos para relevancia y clics

Optimizar los títulos en Etsy es un paso crítico para atraer a posibles compradores y mejorar la visibilidad de tus listados. Implica un delicado equilibrio de profesionalismo y creatividad para involucrar efectivamente a tu público objetivo.

Comienza realizando una investigación exhaustiva de palabras clave para entender las frases de búsqueda utilizadas por tus posibles clientes. Incluir estas palabras clave en tus títulos puede aumentar significativamente tus posibilidades de aparecer en los resultados de búsqueda. Por ejemplo, si vendes jabones hechos a mano, incorpora palabras clave específicas como 'jabón natural', 'jabón artesanal' o 'jabón orgánico' en tus títulos. Esta estrategia es más probable que atraiga a compradores que buscan activamente estos tipos de productos.

Más allá de la inclusión de palabras clave, es crucial crear títulos que capten la atención y fomenten los clics. Aquí tienes algunas técnicas y ejemplos de títulos que pueden lograrlo:

Uno de los factores clave que influyen en las clasificaciones de búsqueda en Etsy es la relevancia.

Creando un Sentido de Urgencia o Exclusividad:

"¡Edición Limitada de Bufandas de Seda Hechas a Mano – Solo 50 Disponibles!"

"¡Gama Exclusiva de Jabones Orgánicos – Consigue el Tuyo Antes de que se Agoten!"

Usando Palabras Emotivas y Poderosas:

"¡Impresionantes Jarrones de Cerámica Pintados a Mano – Ilumina tu Hogar!"

"¡Lujosas Mantas de Lana Tejidas a Mano – Abrígate con Estilo!"

Destacando Características Únicas:

"Joyería Hecha a Mano Única en su Tipo – ¡Únicamente Tuya!"

"Muebles de Madera a Medida – Adaptados a tu Gusto!"

Creando Curiosidad y Emoción:

"¡Descubre la Magia de Nuestra Colección de Velas Aromáticas!"

"¡Transforma tu Espacio con Nuestros Espejos Vintage Imprescindibles!"

Combinando Palabras Emotivas con Beneficios Específicos:

"¡Deléitate con Chocolates Hechos a Mano Suntuosos – Una Sensación al Gusto!"

"¡Experimenta el Confort Supremo con Nuestras Toallas de Algodón Egipcio Suaves!"

Recuerda mantener tus títulos concisos, claros y libres de un lenguaje excesivamente complejo. Probar y refinar regularmente tus títulos basándote en métricas de rendimiento es clave para entender lo que resuena mejor con tu audiencia.

Optimizando continuamente tus títulos con palabras clave relevantes, urgencia, exclusividad y palabras emotivas poderosas, puedes mejorar significativamente la efectividad de tus títulos para atraer clics. Esto conduce a un SEO mejorado para tus listados en Etsy, contribuyendo finalmente a una mayor visibilidad y éxito.

Creando Descripciones de Producto Atractivas

Como vendedor en Etsy, dominar el arte de crear descripciones de productos convincentes es clave para convertir a los visitantes en compradores. Este subcapítulo se adentra en las estrategias para elaborar descripciones que no solo informen, sino que también atraigan a tu audiencia.

Entiende a Tu Audiencia:

Conoce a quién le vendes. Adapta tus descripciones para abordar sus necesidades y preguntas específicas.

Destaca los Beneficios:

Enfócate en cómo tu producto mejora la vida del cliente. Por ejemplo, describe cómo los amplios compartimentos y el material duradero de una bolsa de cuero hecha a mano ofrecen tanto estilo como funcionalidad.

Usa Lenguaje Persuasivo:

Emplea frases que creen urgencia o deseo, como "Consigue la tuya ahora" o "Stock limitado disponible", para impulsar a los clientes potenciales a actuar.

Teje una Historia:

Las narrativas conectan emocionalmente. Comparte la inspiración o la artesanía detrás de tu producto para conectar con tu audiencia a un nivel más profundo.

Incorpora Pruebas Sociales:

Usa testimonios o reseñas de clientes para construir confianza y credibilidad, tranquilizando a los compradores potenciales sobre su decisión de compra.

3: CREANDO LISTADOS PERFECTOS

Como vendedor en Etsy, dominar el arte de crear descripciones de productos convincentes es clave para convertir a los visitantes en compradores.

Conciso y Escaneable:

En nuestro mundo acelerado, la brevedad es clave. Usa puntos o párrafos cortos para desglosar el texto y resaltar la información importante.

Agrega Elementos Visuales:

Apoya tus descripciones con imágenes o videos de alta calidad, proporcionando una comprensión más rica de tu producto.

Palabras Clave Amigables con SEO:

Integra palabras clave relevantes de forma natural. Evita el exceso de palabras clave, lo que puede restarle legibilidad y atractivo a tus descripciones.

Recuerda, crear descripciones de productos convincentes es un proceso dinámico. Refínalas continuamente basándote en los comentarios de los clientes y los datos para una mejora constante. Deja fluir tu creatividad manteniendo un tono pulido y profesional.

Seleccionando las Etiquetas y Categorías Adecuadas

En el mercado de Etsy, las etiquetas y categorías adecuadas son fundamentales para aumentar la visibilidad de tu producto y atraer a compradores potenciales.

Etiquetas:

Elige etiquetas que reflejen los términos de búsqueda de tus posibles clientes. Considera el estilo, el color, el material y características únicas. Por ejemplo, las etiquetas para una taza de cerámica hecha a mano con un diseño floral podrían incluir 'taza de cerámica', 'diseño floral', 'hecho a mano', 'regalo para ella' y 'decoración única para el hogar'.

Al seleccionar etiquetas, equilibra términos amplios con específicos. Los términos amplios pueden atraer a un público más amplio pero enfrentan más competencia, mientras que las etiquetas específicas pueden dirigirse a clientes con intenciones de compra más claras.

Categorías:

Las categorías ayudan a los compradores a navegar en el mercado. Selecciona la categoría primaria más relevante para tu producto, como 'Joyería' o 'Accesorios' para joyería hecha a mano. Agrega hasta dos categorías secundarias relacionadas para refinar aún más la clasificación de tu producto.

Elegir las categorías correctas aumenta la probabilidad de aparecer en resultados de búsqueda relevantes, captando la atención de tu público objetivo. Seleccionar etiquetas y categorías apropiadas es un paso vital para optimizar tus listados en Etsy, mejorar el rendimiento del SEO y atraer a compradores potenciales.

Capítulo 4:
Dominando lo Visual

La Importancia de Imágenes de Alta Calidad

Como vendedor en Etsy, eres muy consciente de que las imágenes son fundamentales para atraer compradores potenciales e impulsar las ventas. De hecho, las imágenes de alta calidad influyen significativamente en el rendimiento general del SEO de tus listados en Etsy, algo que he presenciado personalmente.

En términos de SEO, las imágenes mejoran en gran medida la visibilidad de tu listado en los resultados de búsqueda. El algoritmo de búsqueda de Etsy considera varios factores, incluyendo la calidad de la imagen, la relevancia y el compromiso del cliente. Invertir en imágenes de alta calidad es esencial si buscas lograr clasificaciones más altas y destacar entre la competencia.

Invertir en imágenes de alta calidad es esencial si tu objetivo es lograr clasificaciones más altas y destacarte de la competencia.

Te preguntarás, ¿qué constituye una imagen de alta calidad? Va más allá de la simple resolución o claridad. Implica capturar la esencia de tu producto y presentarlo de manera visualmente atractiva. Imágenes de aspecto profesional que resalten las características únicas, los detalles y los beneficios de tu producto atraerán a compradores potenciales y aumentarán la probabilidad de conversión.

Pero el profesionalismo no es la única consideración. Infundir tus imágenes con un sentido de diversión puede mejorar significativamente tu conexión con tu público objetivo. Dependiendo de tu producto, experimenta con diferentes escenarios, accesorios o incluso modelos para inyectar personalidad y forjar un vínculo emocional con tus clientes. Después de todo, los compradores están más inclinados a comprar a vendedores con los que sienten una conexión.

Optimizar tus imágenes de producto para SEO implica encontrar el equilibrio adecuado en las especificaciones de imagen, como tamaño, resolución y formato de archivo. Las imágenes de gran tamaño pueden ralentizar la velocidad de carga de la página, afectando negativamente al SEO. Por el contrario, las imágenes demasiado pequeñas o de baja resolución pueden no proporcionar suficientes detalles para tomar decisiones de compra informadas.

La elección del formato de archivo también es crucial. JPEG se utiliza ampliamente para imágenes de productos, equilibrando la calidad con el tamaño del archivo. Sin embargo, para fondos transparentes o preservar detalles de alta calidad, los formatos PNG o TIFF pueden ser más apropiados.

Por último, no pases por alto la importancia del texto alternativo y las descripciones de las imágenes. Proporcionan metadatos esenciales, ayudando a los motores de búsqueda a entender e indexar tus imágenes. Sé descriptivo e incluye palabras clave relevantes en tu texto alternativo para mejorar el rendimiento y la visibilidad del SEO de tu listado.

En conclusión, las imágenes de alta calidad son transformadoras en el SEO de Etsy. Capturan la atención de los compradores potenciales y aumentan la visibilidad de tu listado en los resultados de búsqueda. Invierte en imágenes que muestren las características únicas y la personalidad de tu producto, y optimiza las especificaciones de imagen para mejorar el SEO y la velocidad de carga de la página. ¡El esfuerzo ciertamente vale la pena!

Usando Videos para Mejorar tus Listados

Como vendedor en Etsy deseoso de impulsar tus listados y el rendimiento de SEO, considera el potencial revolucionario de incorporar videos. Los videos no solo atraen y cautivan a los compradores potenciales, sino que también impactan significativamente en tu visibilidad de búsqueda. Vamos a explorar los beneficios de usar videos para mejorar tus listados en Etsy.

Los videos en Etsy proporcionan una vitrina de producto dinámica y visualmente atractiva. Ofrecen a los compradores potenciales una experiencia más inmersiva, permitiéndoles entender mejor las características y detalles de tu producto. Los estudios sugieren que los videos logran tasas de clics más altas que solo las imágenes, mejorando así tus posibilidades de realizar una venta.

Crear videos convincentes implica contar una historia. Muestra a los espectadores cómo tu producto puede resolver un problema o mejorar su estilo de vida. El video es tu oportunidad para mostrar creatividad, puntos de venta únicos y el valor que tu producto ofrece.

Mantén tus videos concisos pero impactantes, idealmente alrededor de 30 segundos a 1 minuto, e incluye un llamado a la acción, animando a los espectadores a visitar tu tienda en Etsy o realizar una compra.

Optimiza tu video para la visibilidad de búsqueda en Etsy. Comienza con un título llamativo que incorpore palabras clave relevantes. Escribe una descripción convincente que proporcione información adicional del producto y beneficios, y usa palabras clave relevantes que los compradores potenciales puedan buscar. Considera agregar enlaces a tu tienda en Etsy o listados de productos específicos para impulsar el tráfico y las conversiones.

Las etiquetas son cruciales para mejorar la visibilidad de búsqueda de tu video. Usa palabras clave y frases relevantes como etiquetas, ayudando al algoritmo de búsqueda de Etsy a entender el contenido de tu video y alinearlo con las consultas de los usuarios.

SEO de Imágenes: Más Allá de la Estética

Optimizar tus imágenes para SEO es más que solo apariencia visual. Incluye metadatos como texto alternativo, nombres de archivo y descripciones en tus imágenes.

Texto Alternativo:

Propósito: El texto alternativo se muestra cuando una imagen no puede cargar o para usuarios con discapacidades visuales. Es crucial para accesibilidad y SEO.

Ejemplo: Para un collar hecho a mano, el texto alternativo podría ser "Collar de perlas de agua dulce hecho a mano con broche de oro".

Nombres de Archivo de Imágenes:

Propósito: Ayudan a los motores de búsqueda a entender de qué trata tu imagen. Utiliza nombres descriptivos y ricos en palabras clave.

Ejemplo: En lugar de un nombre genérico como IMG_12345.jpg, usa un nombre descriptivo como "collar-estilo-bohemio-hecho-a-mano.jpg".

Para agregar un texto alternativo a las imágenes de tus listados:

Inicia sesión en Etsy.com y ve al Administrador de la tienda, **Shop Manager.**

- Selecciona **Listados.**

- Elige un listado.

- Pasa el cursor sobre la foto a la que quieras agregar texto alternativo.

- Selecciona el icono de lápiz.

- Escribe tu texto alternativo en el cuadro debajo de la imagen.

- Elige **Guardar.**

Puedes agregar una descripción para tantas imágenes como desees.

Descripción y Etiquetas de Etsy:

Propósito: Etsy te permite agregar una descripción y etiquetas a cada listado, componentes vitales de tu estrategia SEO.

Ejemplo de Descripción: Para un vestido vintage, la descripción podría detallar la era, estilo y material.

Ejemplo de Etiquetas: Las etiquetas para el mismo vestido podrían incluir "vestido de verano vintage", "vestido de lunares de los años 50".

Recuerda, mientras creas tus descripciones en Etsy, enfócate en incorporar palabras clave naturalmente. Evita saturar con palabras clave, ya que puede hacer tus descripciones menos atractivas. El objetivo es proporcionar contenido claro, descriptivo y atractivo que también se alinee con lo que tu público objetivo podría estar buscando.

Capítulo 5:
Estrategias de Precios para Mejorar el Ranking

Cómo el precio afecta el SEO en Etsy

Optimizar tu tienda de Etsy para obtener mejores rankings de búsqueda involucra estrategias de precios. Es esencial lograr un equilibrio entre establecer precios competitivos para atraer clientes y considerar su impacto en tu ranking de búsqueda. Exploraremos cómo el precio afecta el SEO en Etsy y las estrategias para alcanzar un balance óptimo.

El precio influye en los rankings de búsqueda en Etsy ya que afecta directamente la tasa de conversión de tu tienda. Un mayor índice de conversión indica que tus productos cumplen con las expectativas de los clientes, lo que puede mejorar tu ranking de búsqueda. Por ejemplo, si vendes joyería hecha a mano a precios más altos que tus competidores, esto podría resultar en una tasa de conversión más baja si los clientes encuentran los precios elevados. Por otro lado, precios demasiado bajos podrían atraer clientes inicialmente, pero también podrían indicar a Etsy que tus productos son de menor calidad, lo que también podría afectar negativamente tu ranking de búsqueda.

El algoritmo de búsqueda de Etsy utiliza las tasas de conversión como una métrica clave para evaluar la relevancia y popularidad de tus productos.

Para encontrar el equilibrio adecuado, investiga y analiza las estrategias de precios de tus competidores. Entiende el rango de precios del mercado para tomar decisiones informadas sobre tus precios. Considera factores como materiales, artesanía y singularidad de tus productos al establecer tus precios.

Presta atención a tus métricas de rendimiento. Etsy ofrece datos valiosos sobre tasas de conversión, volumen de ventas y comentarios de clientes. Utiliza estos datos para informar tus ajustes de precios. Por ejemplo, si tu tasa de conversión es baja en comparación con tus competidores, considera ajustar tus precios para ver si esto influye positivamente en tu tasa de conversión y, por consiguiente, en tu ranking de búsqueda.

Recuerda, encontrar el punto de precio ideal es un proceso continuo. Monitorea y analiza constantemente las métricas de rendimiento de tu tienda, haciendo los ajustes necesarios para mantener la competitividad y optimizar tu SEO en Etsy. Este enfoque asegura que tu estrategia de precios no solo cumpla con las expectativas del mercado, sino que también respalde la visibilidad y el éxito general de tu tienda.

Equilibrando Competitividad y Rentabilidad

Encontrar el equilibrio adecuado entre la competitividad y la rentabilidad en Etsy es crucial. Necesitas ofrecer precios competitivos para atraer clientes y mejorar tus clasificaciones de búsqueda, al mismo tiempo que aseguras que tus márgenes de beneficio sean saludables. Este subcapítulo explora estrategias para lograr tanto la competitividad como la rentabilidad.

Estrategia 1: Agrupar Productos

Agrupar productos es una forma efectiva de optimizar tus márgenes de beneficio mientras mantienes precios competitivos. Al crear conjuntos de artículos relacionados, aumentas el valor total para el cliente y maximizas tus beneficios. Por ejemplo, si vendes joyería hecha a mano, considera ofrecer un conjunto que incluya un collar, pendientes y una pulsera a un precio ligeramente reducido en comparación con la compra de cada artículo por separado. Este enfoque te permite ofrecer un punto de precio atractivo mientras impulsas mayores beneficios.

Estrategia 2: Enfócate en Productos de Alto Margen

Otra estrategia es concentrarte en productos de alto margen en tu tienda de Etsy. Revisa tu catálogo de productos para identificar aquellos con los mayores márgenes de beneficio. Estos deben ser los productos en los que te enfoques en el marketing y optimización para las clasificaciones de búsqueda. Al dedicar más esfuerzo a estos productos de alto margen, puedes permanecer competitivo en los precios mientras maximizas tu rentabilidad.

Estrategia 3: Optimiza Tus Operaciones

Optimizar tus procesos operativos también puede ayudar a mejorar los márgenes de beneficio. Busca oportunidades para agilizar y reducir costos sin sacrificar la calidad. Por ejemplo, la compra de materiales al por mayor o encontrar métodos de empaque y envío más eficientes

EQUILIBRANDO COMPETITIVIDAD Y RENTABILIDAD

Utiliza las herramientas y análisis de Etsy para optimizar tus márgenes de beneficio.

Necesitas ofrecer precios competitivos para atraer clientes y mejorar tus clasificaciones de búsqueda, al mismo tiempo que aseguras que tus márgenes de beneficio sean saludables.

pueden reducir los costos generales, lo que te permite mantener precios competitivos mientras aumentas los beneficios.

Estrategia 4: Ofrecer Promociones por Tiempo Limitado

Las promociones por tiempo limitado son una forma efectiva de impulsar ventas y atraer nuevos clientes sin socavar tu estrategia general de precios. Podrías ofrecer descuentos en productos seleccionados por un período limitado o crear promociones especiales para festividades o eventos. Dichas promociones crean un sentido de urgencia y exclusividad, impulsando las ventas mientras mantienes precios competitivos a largo plazo.

Estrategia 5: Aprovecha las Herramientas e Información de Etsy

Utiliza las herramientas y análisis de Etsy para optimizar tus márgenes de beneficio. Etsy proporciona datos valiosos sobre tendencias, comportamiento del cliente y estrategias de precios. Aprovechar estos conocimientos te ayuda a tomar decisiones informadas sobre tus precios, lo que te permite permanecer competitivo mientras mejoras la rentabilidad.

Lograr el equilibrio adecuado entre competitividad y rentabilidad en Etsy requiere planificación estratégica y evaluación continua. Al implementar estas estrategias y mantenerte al tanto de las tendencias del mercado, puedes disfrutar de los beneficios de un aumento en las ventas y visibilidad en las búsquedas, mientras maximizas tus beneficios.

Pruebas de Precios para una Colocación Óptima

Lograr una colocación óptima en los resultados de búsqueda de Etsy es crucial para tu éxito en la plataforma, y las pruebas de precios son una estrategia altamente efectiva para mejorar tu ventaja competitiva. Este subcapítulo se adentrará en la importancia de las pruebas de precios y cómo pueden influir en tu visibilidad en los resultados de búsqueda.

¿Por Qué son Importantes las Pruebas de Precios?

Las pruebas de precios son esenciales porque tu estrategia de precios puede impactar significativamente tu éxito en Etsy. Te permiten evaluar cómo diferentes puntos de precio afectan tus tasas de conversión y ventas. Este proceso es clave para encontrar el equilibrio ideal que atraiga a los clientes y mantenga la rentabilidad.

Las pruebas de precios proporcionan información sobre el comportamiento y las preferencias del cliente, revelando los puntos de precio en los que los clientes tienen mayor inclinación a realizar compras. Este conocimiento te permite ajustar tu estrategia de precios para maximizar los ingresos de manera efectiva.

Realizando Pruebas A/B para Estrategias de Precios

Las pruebas A/B implican comparar diferentes enfoques de precios para ver cuál tiene un mejor desempeño en términos de ventas y optimización de SEO. Es importante mantener constantes otros variables, como las descripciones de los productos y las imágenes, para evaluar con precisión el impacto de los cambios de precios.

Por ejemplo, si vendes joyería hecha a mano, podrías probar dos opciones de precios: la opción A a 25 libras y la opción B a 30 libras. Asigna a la mitad de tus clientes a ver la opción A y a la otra mitad a ver la opción B, luego monitorea las tasas de conversión y ventas para cada opción. Este enfoque puede revelar qué estrategia de precios es más efectiva, guiando tus futuras decisiones de precios.

Análisis del Impacto de los Cambios de Precios

Una vez que identifiques una estrategia de precios exitosa, es crucial revisarla y ajustarla periódicamente. Analiza cómo los cambios de precios afectan el comportamiento del cliente y la visibilidad en los resultados de búsqueda. Monitorear las tasas de conversión y ventas antes y después de los ajustes de precios puede proporcionar información valiosa.

Utiliza las herramientas analíticas de Etsy para comprender más profundamente el impacto de los cambios de precios. Estas herramientas ofrecen datos sobre visualizaciones de página, tasas de clics y tasas de conversión, ayudando en la toma de decisiones basada en datos para optimizar tus listados para la máxima visibilidad y rentabilidad.

En resumen, las pruebas de precios son una estrategia clave para lograr una colocación óptima en los resultados de búsqueda de Etsy. Te permite comprender el comportamiento del cliente, identificar la estrategia de precios más efectiva y tomar decisiones informadas. Al realizar pruebas A/B y analizar continuamente el impacto de los cambios de precios, puedes ajustar tus precios, atraer más clientes y mejorar tu SEO en Etsy. Comienza a experimentar con diferentes estrategias de precios y observa cómo crece y prospera tu tienda en Etsy.

Capítulo 6:
Aprovechando las Opiniones de los Clientes

Fomentar Reseñas Positivas

Las reseñas positivas de los clientes son un factor crucial para el éxito de tu tienda en Etsy. No solo ofrecen prueba social y construyen confianza entre los clientes potenciales, sino que también contribuyen significativamente a mejorar el rendimiento de SEO de tu tienda y aumentar las ventas. Es esencial fomentar activamente reseñas positivas de tus clientes satisfechos. Aquí hay algunas estrategias para ayudarte a obtener más reseñas positivas y fortalecer la reputación de tu tienda en Etsy:

Entregar un Servicio al Cliente Excepcional:

Proporcionar un servicio al cliente sobresaliente es fundamental para recibir reseñas positivas. Responde rápidamente a todas las consultas, asegúrate de que los pedidos se envíen rápidamente y haz que los clientes se sientan valorados y apreciados durante su experiencia de compra.

Es esencial fomentar activamente las reseñas positivas de tus clientes satisfechos.

Enviar Correos Electrónicos de Seguimiento:

Después de que los clientes reciban sus pedidos, considera enviar un correo electrónico de seguimiento para expresar tu gratitud. Anímalos a dejar una reseña si están satisfechos con su compra. Incluye un enlace directo a la página de reseñas de tu tienda para su conveniencia.

Incentivar Reseñas:

Ofrece un pequeño descuento o un código de cupón futuro a los clientes que dejen una reseña positiva. Este enfoque los motiva a compartir sus experiencias y aumenta la probabilidad de recibir más comentarios positivos.

Destacar Reseñas Positivas:

Presenta tus reseñas positivas de manera prominente en la página de inicio de tu tienda o dentro de los listados de productos. Esto no solo sirve como prueba social, sino que también subraya el valor de las reseñas para los clientes potenciales, animándolos a dejar su opinión.

Interactuar con Tus Clientes:

Conecta activamente con tus clientes a través de redes sociales, publicaciones de blog o boletines informativos. Fomentar una relación sólida con tu audiencia puede llevar a más reseñas positivas y fortalecer la lealtad del cliente.

Implementar estas estrategias puede aumentar significativamente el número de reseñas positivas para tu tienda en Etsy. Recuerda, un cliente satisfecho es más probable que deje una reseña y recomiende tu tienda a otros, lo que lleva a una mayor visibilidad, una reputación mejorada y un mayor volumen de ventas. Crear una experiencia positiva para el cliente es clave para fomentar reseñas que reflejen la calidad y el atractivo de tus productos y servicios.

Manejar Retroalimentación Negativa de Manera Profesional

Lidiar con la retroalimentación negativa es parte de ser vendedor en Etsy. Aunque puede ser desafiante recibir críticas, la retroalimentación negativa puede ser una valiosa fuente de conocimiento, ofreciéndote la oportunidad de mejorar e impactar positivamente en tu SEO en Etsy. Entonces, ¿cómo puedes extraer información valiosa de la retroalimentación negativa? Aquí hay algunos consejos:

Abordar la Retroalimentación con una Mentalidad Abierta:

Considerar la retroalimentación negativa como una oportunidad de crecimiento es crucial. Intenta evaluar la crítica de manera objetiva sin ponerte a la defensiva.

Buscar Patrones:

Si varios clientes destacan el mismo problema, es un fuerte indicador de que se necesita mejora. Identificar y abordar estos patrones debe ser una prioridad.

Pedir Aclaraciones:

Si la retroalimentación es vaga, no dudes en contactar al cliente para obtener más detalles. Esto puede ayudarte a entender sus preocupaciones más claramente y encontrar soluciones adecuadas.

Cuantificar el Impacto:

Evalúa el impacto real de la retroalimentación negativa en tu negocio. Observa métricas como tasas de conversión, ventas y retención de clientes para medir su importancia.

MANEJAR COMENTARIOS NEGATIVOS
Considera los comentarios negativos como una oportunidad de crecimiento.

Aunque puede ser difícil recibir críticas, los comentarios negativos pueden ser una valiosa fuente de información, ofreciéndote la oportunidad de mejorar.

Experimentar con Mejoras:

Una vez identificadas las áreas de mejora, experimenta con diferentes enfoques, ya sea ajustando las descripciones de los productos, cambiando precios o mejorando el servicio al cliente. Monitorea el impacto de estos cambios en tu SEO de Etsy.

Recuerda, la retroalimentación negativa no refleja tu valor como vendedor. En cambio, es una oportunidad para aprender y crecer. Acepta la retroalimentación, haz mejoras y observa cómo impacta positivamente en tu SEO en Etsy.

Ahora que sabes cómo extraer información valiosa de la retroalimentación negativa, enfoquémonos en cómo responder eficazmente. Elaborar respuestas profesionales y constructivas es crucial para mantener una imagen positiva y mitigar su impacto en tu SEO.

Aquí tienes algunos consejos para responder a la retroalimentación negativa de manera profesional:

Responder Prontamente:

Apunta a responder a la retroalimentación negativa dentro de las 24 horas. Una respuesta rápida demuestra que tomas en serio las preocupaciones del cliente.

Mantén un Tono Cortés:

Independientemente de la naturaleza de la retroalimentación, siempre responde de manera tranquila y profesional. Evita la defensividad o los argumentos.

Muestra Empatía:

Reconoce las preocupaciones del cliente y pide disculpas por cualquier inconveniente. Esto muestra que valoras su retroalimentación y estás comprometido a resolver problemas.

Ofrece una Solución:

Donde sea posible, ofrece una solución o alternativa. Este enfoque proactivo puede convertir una experiencia negativa en una positiva.

Lleva la Conversación Fuera de Línea:

Si el problema requiere más discusión o resolución, proporciona información de contacto para que el cliente se comunique de manera privada. Esto evita intercambios públicos y muestra tu compromiso para resolver el problema.

Respondiendo de manera profesional a la retroalimentación negativa, no solo mantienes una imagen positiva en Etsy sino que también muestras a los clientes potenciales que te importa su satisfacción.

Aprovechando las Reseñas para Mejorar el SEO

Al mejorar tu SEO en Etsy, las reseñas de los clientes son increíblemente valiosas. Proporcionan prueba social a los compradores potenciales y mejoran significativamente las clasificaciones de búsqueda de tu tienda. En esta sección, exploraremos cómo aprovechar las reseñas de los clientes para optimizar el SEO de tu tienda.

Una forma directa de mejorar el SEO de tu tienda es aprovechando las palabras clave de las reseñas de los clientes. Analiza las reseñas para identificar palabras clave relevantes e incorpóralas en los títulos, etiquetas y descripciones de tu tienda. Por ejemplo, si varios clientes comentan sobre el 'aroma increíble' de tus velas hechas a mano, usa esta frase en tus descripciones de productos para atraer más tráfico orgánico.

Los testimonios de clientes son una prueba social potente que puede influir en los compradores potenciales. Incluye testimonios positivos en tus listados de productos para aumentar la credibilidad y mejorar el SEO. Selecciona testimonios que resalten beneficios o características específicas de tus productos. Si un cliente elogia tus joyas hechas a mano por su estilo y durabilidad, destaca este testimonio prominentemente en tu listado.

Interactuar con los clientes respondiendo a sus reseñas muestra aprecio y fortalece el SEO de tu tienda. Incluye palabras clave relevantes en tus respuestas a reseñas positivas. Esto añade contenido rico en palabras clave a tus listados, mejorando las clasificaciones de búsqueda. Además, abordar profesionalmente las reseñas negativas puede mitigar su impacto en tu SEO.

Fomentar reseñas continuas de los clientes es crucial para la mejora continua del SEO. Considera implementar un sistema que incentive las reseñas, como ofrecer un código de descuento o envío gratuito. Enviar correos electrónicos de seguimiento después de las compras, pidiendo educadamente retroalimentación, también puede aumentar el número de reseñas.

Aquí hay cinco ejemplos de textos que puedes enviar a los clientes para animarlos a dejar una reseña:

"¡Gracias por comprar en [Nombre de la Tienda]! Esperamos que te encante tu nuevo [Producto]. ¿Podrías compartir tu experiencia en una reseña? Nos ayuda enormemente y también guía a otros compradores."

"¡Hemos notado que recientemente recibiste tu [Producto]. Nos encantaría si pudieras dejarnos una reseña en Etsy. ¡Como una tienda pequeña, tu opinión marca la diferencia!"

"Hola desde [Nombre de la Tienda]! ¿Tu [Producto] alegró tu día? Si es así, nos encantaría saberlo. Tu reseña no solo nos apoya, sino que también ayuda a otros clientes en su elección."

"¡Gracias por elegir [Nombre de la Tienda] para tu [Producto]! Si estás satisfecho con tu compra, considera dejarnos una reseña. Como muestra de nuestro agradecimiento, aquí tienes un [Código de Descuento] para tu próxima orden."

"Esperamos que tu [Producto] sea todo lo que esperabas. Compartir tus pensamientos en una reseña ayuda a nuestro pequeño negocio a crecer y sirve a nuestra comunidad. ¡Además, nos encantaría saber qué piensas!"

Al utilizar estas estrategias, puedes mejorar significativamente el rendimiento de SEO de tu tienda en Etsy. Las reseñas de los clientes no solo impulsan el SEO, sino que también construyen confianza y credibilidad con tu audiencia, dándole a tu tienda una ventaja competitiva.

Capítulo 7:
Políticas de Tienda Amigables con el SEO

Creando políticas que impulsan el SEO

Crear políticas de tienda que satisfagan a los clientes y mejoren el rendimiento de SEO es una estrategia inteligente para cualquier vendedor en Etsy. En esta sección, te guiaré en la elaboración de políticas de tienda amigables con el SEO que se alineen con las directrices de Etsy mientras aumentan la visibilidad de tu tienda.

Consejo #1: Usa Palabras Clave Relevantes

Incorporar palabras clave relevantes en tus políticas de tienda puede mejorar significativamente tu SEO. Si vendes joyería hecha a mano, por ejemplo, incluye términos como 'joyería artesanal', 'joyería única' o 'joyería artesanal'. Esto aumenta la probabilidad de que tu tienda aparezca en búsquedas de estos términos específicos.

Incorporar palabras clave relevantes en las políticas de tu tienda puede mejorar significativamente tu SEO.

Consejo #2: Sé Claro y Conciso

La claridad y concisión son cruciales en tus políticas de tienda. Si bien incluir palabras clave es importante, evita el uso de jerga o un lenguaje demasiado complejo que pueda confundir a tus clientes. Opta por un lenguaje simple y directo que comunique eficazmente tus políticas.

Consejo #3: Aborda Preocupaciones Comunes

Anticipa y aborda las preocupaciones potenciales de los clientes en tus políticas. Si ofreces envío internacional, por ejemplo, detalla los tiempos de envío, tarifas de aduana y opciones de seguimiento. Este enfoque no solo ayuda a tus clientes, sino que también te establece como un vendedor considerado y confiable.

Consejo #4: Destaca Tu Propuesta de Venta Única

Tus políticas de tienda son más que reglas; son una oportunidad para resaltar lo que hace única a tu tienda. ¿Es tu dedicación a la satisfacción del cliente, tu empaque ecológico o quizás tus respuestas rápidas a las consultas? Usa tus políticas para destacar estos aspectos únicos, haciendo tu tienda más atractiva para los clientes potenciales y mejorando tu SEO.

Actualizar regularmente tus políticas de tienda es esencial a medida que tu negocio crece y las expectativas de los clientes evolucionan. Mantener tus políticas actualizadas asegura que continúen satisfaciendo las necesidades de los clientes y respaldando la estrategia de SEO de tu tienda.

A continuación, exploraremos los detalles específicos de cómo estos consejos pueden implementarse efectivamente en tus políticas de tienda en Etsy, asegurando que no solo se adhieran a las mejores prácticas, sino que también contribuyan positivamente al rendimiento general de SEO de tu tienda.

El impacto de los tiempos de envío en la clasificación de búsqueda

El SEO de Etsy puede influir significativamente en el éxito de tu tienda, y un factor clave en el algoritmo de búsqueda de Etsy son los tiempos de envío. Un envío más rápido puede llevar a una clasificación de búsqueda más alta. En esta sección, exploraremos el impacto de los tiempos de envío en la clasificación de búsqueda y cómo puedes optimizar este aspecto de tu tienda para mejorar tu rendimiento SEO en Etsy.

Comprender cómo los tiempos de envío afectan tu clasificación de búsqueda es crucial para optimizar tu tienda de manera efectiva. Cuando los clientes buscan productos en Etsy, la plataforma considera varios factores, incluyendo los tiempos de envío, para determinar los resultados de búsqueda. Etsy busca asegurar que los clientes tengan una experiencia de compra positiva con la recepción oportuna de sus pedidos, por lo tanto, prioriza tiendas con envíos más rápidos en sus clasificaciones de búsqueda.

Considere este escenario: un cliente busca un producto específico disponible en múltiples tiendas. Si tu tienda tiene tiempos de envío más largos en comparación con otros, aquellos con envíos más rápidos probablemente se clasificarán más alto en los resultados de búsqueda. Esto hace más probable que los clientes potenciales vean y seleccionen estas tiendas sobre la tuya. Por el contrario, ofrecer tiempos de envío más rápidos mejora tu oportunidad de clasificarte más alto, aumentando la visibilidad de tu tienda.

Ahora que entendemos la importancia de los tiempos de envío en el SEO de Etsy, veamos las estrategias para optimizar tus tiempos de envío y mejorar el rendimiento SEO de tu tienda:

Ofrecer envío el mismo día o al día siguiente:

Proporcionar opciones de envío acelerado puede mejorar significativamente tu clasificación de búsqueda. Los clientes aprecian el envío rápido, y Etsy lo reconoce. Al ofrecer envío el mismo día o al día siguiente, puedes diferenciar tu tienda de la competencia y mejorar tus posibilidades de aparecer más alto en los resultados de búsqueda. Asóciate con transportistas confiables para garantizar una entrega oportuna.

Optimizar tu procesamiento de pedidos:

Un procesamiento de pedidos eficiente minimiza los retrasos en el envío. Mantén tu inventario actualizado para evitar demoras en la cumplimentación de pedidos. Establece procesos eficientes de embalaje y etiquetado para acelerar la preparación para el envío.

Utilizar etiquetas de envío y paquetes rastreables:

Las etiquetas de envío y los paquetes rastreables no solo agilizan tus operaciones de envío, sino que también proporcionan una experiencia positiva al cliente. Los paquetes rastreables brindan confianza y satisfacción a los clientes, lo que potencialmente puede llevar a reseñas positivas y una mejora en la clasificación de búsqueda de tu tienda.

Optimizar el envío internacional:

Si ofreces envío internacional, optimizar este aspecto puede mejorar tu competitividad global. Explora opciones de envío internacional, comprende los requisitos aduaneros y proporciona estimaciones precisas de tiempo de entrega. Utilizar software de envío internacional o asociarte con transportistas especializados puede ayudar a agilizar este proceso.

Comunicar expectativas claras de envío:

La comunicación clara respecto al envío es vital. Indica explícitamente los tiempos de procesamiento, métodos de envío y estimaciones de entrega en tus listados de productos para gestionar las expectativas de los clientes y reducir posibles conflictos. Siempre es preferible prometer menos y entregar más, en lugar de lo contrario.

Al adoptar estas estrategias, puedes optimizar tus tiempos de envío y mejorar tu clasificación de búsqueda en Etsy. Recuerda, a los clientes les valoran el envío rápido, y Etsy premia a las tiendas que proporcionan este servicio de manera eficiente. Evalúa y ajusta tus procesos de envío según sea necesario, y observa cómo mejora tu rendimiento SEO.

Equilibrar las Expectativas del Cliente y las Necesidades de SEO

Lograr un equilibrio entre satisfacer las expectativas de los clientes y optimizar tu tienda de Etsy para SEO es esencial para el éxito. Este subcapítulo analiza cómo crear políticas de tienda que satisfagan a los clientes y al mismo tiempo aumenten tu visibilidad en Etsy.

Un enfoque efectivo es realizar una investigación exhaustiva de palabras clave. Identifica las palabras clave relevantes para tus productos e incorpóralas en tus políticas. Por ejemplo, si vendes joyería hecha a mano, incluye palabras clave como 'joyería única', 'accesorios hechos a mano' o 'pendientes artesanales'. Esto no solo mejora la visibilidad en las búsquedas, sino que también atrae a clientes potenciales.

Sin embargo, la integración de palabras clave no debe comprometer la satisfacción del cliente. Asegúrate de que tus políticas sean claras, concisas y resuenen con tu audiencia. Mientras optimizas para SEO, da prioridad a proporcionar información valiosa y abordar las preocupaciones de los clientes.

Construir confianza es crucial para equilibrar las expectativas de los clientes con las necesidades de SEO. La transparencia en tus políticas, especialmente en lo que respecta a envíos y devoluciones, es clave. Una comunicación abierta y honesta establece confianza y credibilidad, impactando positivamente en las experiencias de los clientes y en el SEO de Etsy. Cuando los clientes entienden y se sienten seguros con tus políticas, es más probable que interactúen con tu tienda.

Ejemplo de una política transparente que equilibra las necesidades del cliente con el SEO:

> *"Nuestra tienda se compromete a ofrecer una experiencia de compra excepcional. Si no estás completamente satisfecho con tu compra, contáctanos dentro de los 7 días posteriores a la recepción para obtener ayuda con devoluciones o cambios.*

Nuestro objetivo es la transparencia en nuestro proceso de envío. Los pedidos generalmente se procesan dentro de 1-2 días hábiles, con un envío estándar que tarda aproximadamente de 3-5 días hábiles y un envío acelerado de 1-3 días hábiles.

Si tu pedido llega dañado, infórmanos de inmediato, y abordaremos el problema rápidamente.

¡Tu satisfacción es primordial, y nos esforzamos para que tu experiencia con nosotros sea fluida y agradable!"

Revisa y actualiza periódicamente tus políticas de tienda para alinearlas con los comentarios de los clientes y las pautas cambiantes de SEO de Etsy. Si surgen preguntas o inquietudes comunes de los clientes, considera incorporar respuestas en tus políticas. La refinación continua asegura que tus políticas se mantengan relevantes y fáciles de usar.

Recuerda, equilibrar las expectativas de los clientes con las necesidades de SEO es un proceso continuo. Sé adaptable, realiza los cambios necesarios y siempre prioriza la experiencia general del cliente en tu toma de decisiones.

Capítulo 8:
Construcción de Enlaces para Tiendas en Etsy

Los fundamentos del enlace de retroceso

Construir backlinks de alta calidad es crucial para mejorar el rendimiento SEO de tu tienda Etsy. Los backlinks no solo dirigen tráfico a tu tienda, sino que también señalan a los motores de búsqueda que tu tienda es confiable y creíble. En esta sección, exploraremos estrategias para construir backlinks de alta calidad que impacten positivamente en el SEO de tu tienda Etsy.

Primero, entendamos los diferentes tipos de backlinks que pueden mejorar la visibilidad de búsqueda de tu tienda en Etsy. Los backlinks pueden ser de varios tipos:

Los enlaces de retroceso no solo generan tráfico hacia tu tienda, sino que también señalan a los motores de búsqueda que tu tienda es reputada y creíble.

Backlinks editoriales:

Estos se dan naturalmente por otros sitios web o blogs que encuentran tu contenido valioso.

Backlinks de blogs invitados:

Escribir una publicación invitada para otro sitio web o blog e incluir un enlace a tu tienda Etsy crea un backlink.

Backlinks de redes sociales:

Los enlaces de plataformas de redes sociales como Facebook, Instagram, Twitter y Pinterest pueden servir como backlinks, generando tráfico a tu tienda.

Backlinks de directorios:

Estos provienen de directorios en línea o listados que apuntan a tu tienda Etsy.

Backlinks de foros:

La participación en foros con un enlace a tu tienda en tu firma de foro o publicaciones puede generar backlinks.

Ahora que entendemos los backlinks y su impacto en el SEO, exploremos cómo comenzar a construir backlinks de alta calidad para tu tienda Etsy.

Una de las mejores maneras de atraer backlinks naturales es creando contenido que otros sitios web o blogs quieran compartir y enlazar. Enfócate en crear descripciones de productos de alta calidad, publicaciones de blog o tutoriales que proporcionen valor a tu audiencia objetivo. Cuanto más valioso y compartible sea tu contenido, mayores serán las posibilidades de ganar backlinks.

Identifica influencers y bloggers en tu nicho que tengan una fuerte presencia en línea. Colabora con ellos ofreciéndoles una muestra gratuita de tu producto o un código de descuento exclusivo a cambio de que escriban una reseña o incluyan tu producto en su sitio web o blog, incluyendo un enlace a tu tienda Etsy.

Busca sitios web o blogs relevantes para tu tienda de Etsy que acepten publicaciones de invitados. Preséntales ideas de contenido únicas y valiosas que se alineen con los intereses de su audiencia. Cuando tu publicación invitada se publique, asegúrate de incluir un enlace a tu tienda en tu biografía de autor o en el contenido en sí.

Usa plataformas de redes sociales para promocionar tu tienda Etsy y construir backlinks. Interactúa con tu audiencia, comparte tus productos y fomenta el intercambio social. Cuanto más se comparta tu contenido en redes sociales, mayores serán las posibilidades de ganar backlinks de estas plataformas.

Únete a comunidades y foros en línea relevantes donde se encuentre tu público objetivo. Participa en discusiones, ofrece ideas valiosas e incluye un enlace a tu tienda en tu firma de foro. Con el tiempo, a medida que construyas relaciones y te establezcas como un experto en tu nicho, naturalmente ganarás backlinks de estas discusiones.

Estrategias para Obtener Enlaces Entrantes de Calidad

Obtener enlaces entrantes de calidad para tu tienda Etsy puede mejorar significativamente la visibilidad, y tener una estrategia sólida es clave. Aquí, discutiremos estrategias efectivas para ayudarte a construir enlaces entrantes de alta calidad y potenciar la presencia de tu tienda.

Crea Contenido Atractivo y Compartible

Uno de los métodos más efectivos para ganar enlaces entrantes de calidad es crear contenido que sea atractivo y compartible. Esto podría ser entradas de blog informativas, guías prácticas o videos atractivos que muestren tus productos. Proporcionar contenido valioso y único aumenta las posibilidades de que otros enlacen a tu tienda.

Consejo profesional: Sé creativo con tu contenido. Por ejemplo, las infografías pueden ser una forma visualmente atractiva de transmitir información y atraer enlaces entrantes.

Colabora con Influencers y Blogueros

Los influencers y blogueros con audiencias establecidas pueden ser instrumentales para obtener enlaces entrantes de calidad. Propón colaboraciones a aquellos que se alineen con tu nicho, tal vez ofreciéndoles muestras gratuitas de productos a cambio de una reseña o una publicación en su plataforma.

Consejo profesional: Personaliza tu acercamiento a influencers o blogueros, destacando los beneficios mutuos de una colaboración.

Aprovecha las Plataformas de Redes Sociales

Las plataformas de redes sociales son excelentes para obtener enlaces entrantes y aumentar la visibilidad. Participa en comunidades relevantes, comparte tu contenido y únete a discusiones. Ser un miembro activo y valioso de la comunidad aumenta la probabilidad de obtener enlaces entrantes.

Consejo profesional: Utiliza hashtags relevantes y participa en temas de tendencia dentro de tu nicho para descubrir oportunidades de contribución y posibles enlaces entrantes.

Participa en Foros y Comunidades en Línea

Participar en foros y comunidades en línea relacionados con tu nicho puede ayudar a construir relaciones y obtener enlaces entrantes. Ofrece respuestas, perspectivas y comparte tu experiencia de manera auténtica para fomentar conexiones que puedan llevar a enlaces entrantes.

Consejo profesional: Concéntrate en agregar valor en lugar de autopromocionarte; la interacción genuina es clave para construir relaciones en estos foros.

Blogging Invitado

El blogging invitado implica escribir artículos para otros sitios web en tu nicho, a menudo a cambio de un enlace entrante a tu tienda Etsy. Identifica sitios web o blogs reputados que acepten publicaciones de invitados y ofréceles ideas de contenido únicas y relevantes.

Consejo profesional: Asegúrate de que el contenido de tu publicación invitada se alinee con la audiencia y las directrices del sitio web anfitrión para aumentar la probabilidad de ser aceptado.

Red con Otros Vendedores de Etsy

Crear una red con otros vendedores de Etsy puede llevar a oportunidades de colaboración y enlaces entrantes. Interactúa con vendedores que ofrezcan productos complementarios y explora métodos de promoción recíproca.

Consejo profesional: Los sorteos conjuntos o las asociaciones de afiliados pueden ser formas efectivas de fortalecer las colaboraciones con otros vendedores de Etsy.

Recuerda, obtener enlaces entrantes de calidad es un proceso que requiere paciencia y esfuerzo constante. Concéntrate en construir conexiones y relaciones genuinas. Estas estrategias te pondrán en el camino para asegurar enlaces entrantes valiosos para tu tienda Etsy.

Evitando Errores Comunes en la Construcción de Enlaces

Cuando comencé a construir enlaces entrantes para el SEO de mi tienda Etsy, estaba ansioso por ver mi tienda subir en los rankings de búsqueda y ganar más visibilidad. Sin embargo, rápidamente me di cuenta de que había errores comunes en la construcción de enlaces que debía evitar para el éxito a largo plazo. Aquí hay algunos consejos sobre cómo construir enlaces efectivos para tu tienda Etsy evitando estos errores.

Un error frecuente que muchos vendedores de Etsy cometen es priorizar la cantidad sobre la calidad en los enlaces entrantes. Es tentador pensar que más enlaces automáticamente mejorarán el SEO, pero la verdad es que la calidad de los enlaces es mucho más importante. Concéntrate en crear enlaces de alta calidad y relevantes que realmente beneficien a tu tienda, en lugar de acumular una gran cantidad de enlaces de menor calidad.

Otra trampa es la dependencia excesiva de los intercambios de enlaces recíprocos. Aunque intercambiar enlaces con otros vendedores de Etsy puede parecer una forma rápida de construir enlaces, este método es menos efectivo que antes. Los motores de búsqueda modernos pueden identificar fácilmente los esquemas de enlaces recíprocos. En su lugar, busca enlaces entrantes unidireccionales de sitios web autorizados y relevantes, ya que estos son más valiosos y mejoran el SEO de tu tienda.

Respecto al texto ancla, algunos vendedores de Etsy utilizan frases genéricas o palabras clave, como 'haz clic aquí' o 'aprende más'. Estos no proporcionan contexto a los motores de búsqueda sobre el contenido de tu tienda. Usa texto ancla descriptivo con palabras clave relevantes en su lugar. Por ejemplo, si tu tienda se especializa en joyería hecha a mano, considera usar 'tienda de joyería hecha a mano' o 'diseños de joyería únicos' como textos ancla.

Por último, un error común es no diversificar las fuentes de enlaces entrantes. Un perfil de enlaces variado es crucial. Si la mayoría de tus enlaces provienen de una sola fuente, puede parecer sospechoso para

8: CONSTRUCCIÓN DE ENLACES PARA TIENDAS EN ETSY

los motores de búsqueda y afectar negativamente el SEO de tu tienda. Asegúrate de diversificar tus enlaces, obteniéndolos de una variedad de fuentes como sitios web autorizados, blogs, plataformas de redes sociales y directorios en línea.

Evitando estos errores comunes en la construcción de enlaces, puedes establecer un perfil de enlaces entrantes fuerte y efectivo para tu tienda Etsy. Recuerda: calidad sobre cantidad, enfócate en enlaces entrantes unidireccionales, usa textos ancla descriptivos y diversifica tus fuentes de enlaces. Estas pautas ayudarán a mejorar el SEO de tu tienda y aumentar su visibilidad en los rankings de búsqueda.

Capítulo 9:
SEO Basado en Tendencias y Temporadas

Anticipando tendencias estacionales para una mejor visibilidad

Para potenciar el rendimiento SEO de tu tienda Etsy, es crucial identificar y capitalizar las tendencias de búsqueda estacionales. Incorporar estas tendencias en tu estrategia de marketing mejora la visibilidad durante los períodos pico, atrayendo a más clientes a tu tienda.

Estar al tanto de las tendencias estacionales es vital para mejorar la visibilidad de tu tienda. Analiza las tendencias y patrones de búsqueda de años anteriores para comprender lo que los clientes buscan durante temporadas y festividades específicas. Este conocimiento te ayuda a optimizar tus listados y a enfocar palabras clave relevantes para atraer a compradores potenciales.

Por ejemplo, supongamos que vendes adornos navideños hechos a mano. El análisis de tendencias

Analyse search trends and patterns from previous years to understand what customers seek during specific seasons and holidays.

de búsqueda podría revelar que las búsquedas de 'adornos navideños personalizados' comienzan a aumentar en octubre y alcanzan su punto máximo en noviembre. Con este conocimiento, optimiza tus listados con palabras clave como 'adornos navideños personalizados' para aumentar las apariciones en los resultados de búsqueda durante este período.

Considera otro ejemplo: si vendes prendas de vestir, podrías encontrar que las búsquedas de 'vestidos de verano' se disparan en mayo y junio. Alinea tus listados con estas palabras clave y crea contenido relacionado con la moda de verano para aprovechar esta tendencia y atraer a compradores que buscan ropa de verano.

Aquí hay una lista de ejemplos de tendencias de búsqueda estacionales:

Navidad - Aumento de búsquedas de regalos, decoraciones, atuendos festivos y manualidades de temporada.

Halloween - Mayor interés en disfraces, decoraciones, suministros para fiestas temáticas y manualidades espeluznantes.

Día de San Valentín - Aumento en búsquedas de regalos románticos, joyería, experiencias especiales y artículos personalizados.

Día de la Madre - Búsquedas elevadas de regalos, flores, artículos hechos a mano y recuerdos sentimentales.

Verano - Mayor interés en ropa de verano, accesorios de playa, esenciales de viaje y productos al aire libre.

Invierno - Más búsquedas de ropa cálida, accesorios de calefacción, decoraciones navideñas y equipo para deportes de invierno.

Pascua - Aumento en búsquedas de decoraciones de Pascua, manualidades, canastas y regalos de chocolate.

Acción de Gracias - Mayor interés en utensilios de cocina, decoraciones de mesa, alimentos festivos y elementos esenciales para ser anfitrión.

Black Friday - Altas búsquedas de ofertas, electrónica, ventas de ropa y compras navideñas tempranas.

Cyber Monday - Continuado interés en ofertas en línea, gadgets tecnológicos, ventas de moda y hallazgos únicos en línea.

Primavera - Aumento en búsquedas de herramientas de jardinería, productos de limpieza de primavera, muebles de exterior y ropa ligera.

Otoño - Mayor interés en decoraciones de otoño, ropa cálida, artículos de Halloween y productos para el regreso a clases.

Año Nuevo - Aumento en búsquedas de suministros para fiestas, calendarios, planificadores, equipo de fitness y artículos de auto-mejora.

Día del Padre - Mayor interés en regalos para padres, gadgets, artículos personalizados y regalos de experiencias.

Regreso a Clases - Aumento en búsquedas de suministros escolares, ropa, herramientas educativas y esenciales para dormitorios.

Temporada de Bodas (generalmente primavera/verano) - Búsquedas elevadas de atuendos de boda, decoraciones, regalos y herramientas de planificación.

Día de San Patricio - Mayor interés en atuendos temáticos verdes, decoraciones y suministros para fiestas.

Año Nuevo Chino - Aumento en búsquedas de atuendos tradicionales, decoraciones, regalos y artículos de comida.

Equilibrar la proactividad y la reactividad es crucial al anticipar tendencias estacionales. Mientras que los datos históricos ofrecen perspectivas valiosas, es esencial monitorear las tendencias actuales y adaptar tu estrategia SEO en consecuencia. Esto podría implicar estar atento a las tendencias en redes sociales, hashtags populares y mantenerse al tanto de eventos y festividades actuales que puedan influir en los comportamientos de búsqueda.

Al anticipar tendencias estacionales y adaptar tus listados en consecuencia, puedes mejorar significativamente la visibilidad de tu tienda y atraer a más clientes durante los tiempos pico. Analiza y actualiza regularmente tu estrategia SEO para permanecer relevante y aprovechar nuevas oportunidades.

Actualizando Listados con Optimizaciones Basadas en Tendencias

Como vendedor en Etsy, es esencial mantener tus listados actualizados con optimizaciones basadas en tendencias para seguir siendo relevante en el mercado en constante evolución. Al incorporar las últimas tendencias en tus descripciones de productos, títulos y etiquetas, puedes mejorar tu SEO y atraer a más clientes potenciales. Aquí tienes algunos consejos para ayudarte a actualizar tus listados con optimizaciones basadas en tendencias:

Mantente al día con las últimas tendencias:

Uno de los primeros pasos para actualizar tus listados es investigar y comprender las tendencias actuales en tu nicho. Mantente conectado con blogs de la industria, plataformas de redes sociales y foros relevantes para estar al tanto de lo que está de moda en el momento. Busca palabras clave y frases que estén ganando popularidad y se alineen con tus productos.

Por ejemplo, si vendes joyería hecha a mano, podrías notar que los diseños minimalistas están de moda actualmente. En este caso, podrías actualizar tus descripciones de producto para resaltar la naturaleza minimalista de tu joyería o incorporar palabras clave como joyería minimalista o simple y elegante.

Analiza listados de competidores:

Observa los listados de tus competidores e identifica las palabras clave y frases que están utilizando. Presta atención a sus títulos, descripciones y etiquetas para tener una idea de lo que actualmente funciona en tu nicho. Si bien es importante diferenciarte, analizar a tus competidores puede ayudarte a comprender qué tendencias son populares y proporcionarte inspiración para actualizaciones en tus propios listados.

Por ejemplo, si notas que muchos de tus competidores están usando el término boho-chic en sus listados, podrías considerar incorporar ese término en tus propios títulos o etiquetas si se alinea con tu marca y productos.

Optimiza tus títulos y descripciones:

Actualizar tus títulos y descripciones es crucial para atraer tráfico orgánico de los motores de búsqueda. Incorpora las palabras clave y frases de tendencia que has identificado en tus títulos y descripciones de producto de una manera natural y atractiva.

Por ejemplo, si vendes velas hechas a mano y descubres que velas de soja es una palabra clave de tendencia, podrías actualizar tu título para incluir Velas de Soja Hechas a Mano para un Ambiente Relajante e incorporar velas de soja de manera natural en tu descripción.

Experimenta con etiquetas:

Las etiquetas juegan un papel importante en el algoritmo de búsqueda de Etsy. Experimenta con diferentes combinaciones de etiquetas que incluyan palabras clave de tendencia para mejorar tus posibilidades de aparecer en resultados de búsqueda relevantes.

Continuando con el ejemplo de las velas hechas a mano, podrías considerar usar etiquetas como vela de soja, velas para relajación, velas vertidas a mano o velas de aromaterapia, dependiendo de las características específicas y beneficios de tu producto.

Prueba, analiza y repite:

Una vez que hayas actualizado tus listados con optimizaciones basadas en tendencias, monitorea regularmente su rendimiento y realiza ajustes según sea necesario. Presta atención a las tasas de clics, tasas de conversión y rankings de palabras clave para determinar qué está funcionando y qué necesita mejora.

Recuerda, las tendencias pueden cambiar rápidamente, por lo que es importante mantenerse flexible y adaptar tus listados en consecuencia. Actualizar continuamente tus listados con optimizaciones basadas en tendencias te ayudará a mantener una ventaja competitiva en los rankings de búsqueda y atraer a los clientes adecuados a tu tienda Etsy.

Equilibra la necesidad de optimizaciones estacionales con la importancia de mantener prácticas de SEO perennes mediante la creación de contenido de alta calidad y atemporal.

Manteniendo un SEO Perenne entre Cambios Estacionales

Cuando se trata de mantener una visibilidad y clasificación de búsqueda consistentes en Etsy, las estrategias de SEO perennes son absolutamente esenciales. Estas estrategias están diseñadas para resistir la prueba del tiempo, asegurando que tu tienda siga siendo relevante y visible para los clientes potenciales independientemente de la temporada.

Entonces, ¿cómo equilibras la necesidad de optimizaciones estacionales con la importancia de mantener prácticas de SEO perennes? Se trata de encontrar el equilibrio adecuado y comprender qué estrategias funcionan mejor para tu tienda.

Un aspecto clave para mantener el SEO perenne entre los cambios estacionales es enfocarse en crear contenido de alta calidad y atemporal. Esto significa producir contenido que siga siendo valioso y relevante para tu público objetivo independientemente de la época del año. Por ejemplo, si vendes joyería hecha a mano, podrías crear una publicación en un blog sobre las diferentes piedras preciosas utilizadas en tus piezas y sus significados. Este tipo de contenido seguirá atrayendo tráfico orgánico y participación durante todo el año, independientemente de las tendencias estacionales.

Otro factor importante a considerar es la investigación de palabras clave. Aunque las palabras clave estacionales ciertamente pueden ser beneficiosas para atraer tráfico durante tiempos específicos del año, es crucial no descuidar la importancia de las palabras clave perennes. Estas son las palabras clave que representan con precisión tus productos y se mantienen relevantes con el tiempo. Al incorporar una mezcla saludable de palabras clave estacionales y perennes en tu estrategia SEO, puedes atraer tráfico a corto y largo plazo a tu tienda Etsy.

Además, es esencial revisar y actualizar regularmente tus estrategias SEO para adaptarte a las tendencias estacionales en evolución mientras mantienes la efectividad del SEO a largo plazo. Comienza analizando datos de temporadas anteriores para identificar patrones y tendencias. Por ejemplo, si notas que ciertos productos o categorías funcionan excepcionalmente bien durante temporadas específicas, puedes optimizar tu contenido y palabras clave en consecuencia.

Además, mantenerse activo en plataformas de redes sociales también puede ayudarte a mantener un SEO perenne entre cambios estacionales. Al compartir regularmente tu contenido perenne y mantener a tus seguidores comprometidos, puedes dirigir tráfico a tu tienda Etsy y aumentar tus posibilidades de clasificar bien en los resultados de búsqueda.

En general, mantener un SEO perenne entre cambios estacionales requiere una combinación de planificación estratégica, investigación de palabras clave, creación de contenido atemporal y actividad en redes sociales. Al encontrar el equilibrio adecuado entre optimizaciones estacionales y prácticas de SEO perennes, puedes asegurar una visibilidad y clasificaciones de búsqueda consistentes para tu tienda Etsy durante todo el año.

Capítulo 10:
Uso de Redes Sociales para Potenciar el SEO en Etsy

Señales sociales y su impacto en el SEO

Cuando se trata de optimizar tu tienda Etsy para la optimización de motores de búsqueda (SEO), hay muchos factores a considerar. Un aspecto a menudo pasado por alto es el papel de las señales sociales. Las señales sociales se refieren a los 'me gusta', compartidos y comentarios que recibe tu tienda en plataformas de redes sociales.

¿Por qué son importantes las señales sociales para el SEO de tu tienda Etsy? Bueno, motores de búsqueda como Google y el algoritmo de búsqueda interno de Etsy toman en cuenta varias señales para determinar la credibilidad, autoridad y relevancia de un sitio web o tienda en línea. Y cuando se trata de Etsy, las señales sociales pueden jugar un papel significativo en mejorar la visibilidad y clasificaciones de tu tienda.

Las señales sociales se refieren a los 'me gusta', compartidos y comentarios que tu tienda recibe en las plataformas de redes sociales.

APROVECHAR LAS SEÑALES SOCIALES
Mantén tus perfiles en redes sociales completos y alineados con tu marca de Etsy.

Piénsalo: si tus productos reciben muchos 'me gusta', compartidos y comentarios en redes sociales, indica que a la gente le interesa lo que ofreces. Este compromiso señala a los motores de búsqueda que tu tienda es confiable y popular entre los compradores potenciales.

Imagina que eres un cliente buscando joyería hecha a mano única en Etsy. Te encuentras con dos tiendas similares, pero una tiene cientos de 'me gusta', compartidos y comentarios positivos en sus publicaciones en redes sociales, mientras que la otra tiene poco o ningún compromiso. ¿Cuál tienda considerarías más creíble y atractiva? Lo más probable es que te inclines hacia la que tiene prueba social.

Entonces, ¿cómo puedes optimizar tus perfiles en redes sociales para aprovechar estas señales sociales y mejorar el SEO de tu tienda en Etsy? Vamos a profundizar en algunos consejos y técnicas:

Asegúrate de que tus perfiles en redes sociales estén completos y sean consistentes con tu marca de Etsy. Usa el nombre de tu tienda como identificador y incluye un enlace a tu tienda de Etsy en la biografía o sección de sitio web.

Crea contenido atractivo que muestre tus productos y resuene con tu audiencia objetivo. Anima a tus seguidores a dar 'me gusta', compartir y comentar en tus publicaciones haciendo preguntas o incitándolos a etiquetar a sus amigos.

Usa palabras clave relevantes en tus publicaciones y descripciones en redes sociales para facilitar que los motores de búsqueda comprendan el contexto y la relevancia de tu contenido. Por ejemplo, si vendes velas hechas a mano, incluye palabras clave como velas hechas a mano, velas naturales o velas de cera de soja en tus publicaciones.

Interactúa con tus seguidores respondiendo a comentarios, agradeciéndoles su apoyo y abordando cualquier consulta o preocupación de manera oportuna. Construir una comunidad sólida y comprometida en redes sociales no solo mejorará el SEO de tu tienda, sino que también creará una base de clientes leales.

Colabora con influencers o micro-influencers en tu nicho para ampliar tu alcance y obtener más señales sociales. Busca personas o cuentas con un seguimiento significativo y un interés genuino en tus productos. Al asociarte con ellos, puedes acceder a su audiencia y potencialmente generar más 'me gusta', compartidos y comentarios.

Recuerda, la optimización es un proceso continuo y se necesita tiempo y esfuerzo constante para construir tu presencia en redes sociales. Pero al incorporar estas estrategias en tu plan de marketing, puedes aprovechar el poder de las señales sociales para apoyar el SEO de tu tienda Etsy y atraer a más clientes potenciales.

Integrando tu tienda Etsy con plataformas sociales

Integrar tu tienda Etsy con plataformas sociales es un paso crucial para maximizar tu presencia en línea y alcanzar una audiencia más amplia. Al vincular tu tienda Etsy con tus cuentas de redes sociales, puedes promocionar tus productos de manera fluida, dirigir tráfico y mejorar tu optimización de motores de búsqueda (SEO).

Una de las estrategias clave a considerar al integrar tu tienda Etsy con plataformas sociales es la promoción cruzada. Al aprovechar diferentes plataformas de redes sociales, puedes interactuar con una gama diversa de usuarios y aumentar la visibilidad de tu tienda Etsy. Veamos más de cerca algunas estrategias efectivas de promoción cruzada para varias plataformas de redes sociales:

Facebook:

Crea una Página de Facebook dedicada para tu tienda Etsy y comparte regularmente publicaciones destacando tus productos, promociones y actualizaciones. Únete a grupos o comunidades relevantes de Facebook donde puedas interactuar con clientes potenciales y compartir enlaces a tus listados de Etsy.

Instagram:

Configura una cuenta de Instagram Business y muestra tus productos a través de publicaciones visualmente atractivas. Utiliza hashtags populares que se alineen con tu marca y audiencia objetivo para aumentar la visibilidad. Colabora con influencers o micro-influencers dentro de tu nicho para llegar a una audiencia más amplia.

Pinterest:

Crea tableros que presenten tus productos de Etsy y cura contenido relevante. Optimiza tus pines con descripciones ricas en palabras clave y enlázalos a tus listados de Etsy. Únete a tableros grupales o colabora con otros usuarios de Pinterest para expandir tu alcance.

Twitter:

Utiliza Twitter para compartir actualizaciones, promociones y participar con tu audiencia a través de hashtags y menciones. Participa en chats relevantes de Twitter o utiliza la función de Búsqueda Avanzada de Twitter para encontrar clientes potenciales que buscan productos similares a los tuyos.

LinkedIn:

Si tu tienda Etsy se dirige a una audiencia más profesional, considera crear una Página de Empresa en LinkedIn. Comparte perspectivas de la industria, actualizaciones y lanzamientos de productos para establecerte como un experto en tu campo. Conéctate con otros profesionales y únete a grupos relevantes para expandir tu red.

TikTok:

Aprovecha la creciente popularidad de TikTok creando videos cortos y atractivos que muestren tus productos o contenido detrás de escenas. Utiliza desafíos o sonidos de tendencia para aumentar tus posibilidades de volverte viral y ganar exposición a una demografía más joven.

Recuerda, la clave para una promoción cruzada exitosa en plataformas de redes sociales es crear contenido convincente y compartible que resuene con tu audiencia objetivo. Asegúrate de incorporar el enlace de tu tienda Etsy en tus perfiles de redes sociales, leyendas de publicaciones y botones de llamada a la acción para dirigir el tráfico directamente a tus listados. Monitorea y participa regularmente con tu audiencia en redes sociales para construir una base de clientes leales y aumentar tus posibilidades de convertir seguidores en clientes de Etsy.

Al integrar tu tienda Etsy con plataformas sociales e implementar estrategias efectivas de promoción cruzada, puedes mejorar tu visibilidad en línea, dirigir tráfico orgánico y, en última instancia, mejorar tu SEO de Etsy y clasificaciones de búsqueda. Así que sé creativo, diviértete y comienza a aprovechar el poder de las redes sociales para hacer crecer tu negocio en Etsy.

Creando Contenido Social que Impulsa Tráfico

Elaborar contenido atractivo para redes sociales es una estrategia clave para dirigir tráfico a tu tienda Etsy. Con tantos usuarios desplazándose por sus feeds sociales cada día, es esencial crear contenido que capture su atención y los incite a hacer clic hacia tu tienda. En esta sección, voy a compartir algunos consejos y técnicas que me han ayudado a crear contenido social convincente y compartible.

Primero y ante todo, es importante conocer a tu audiencia. Comprender sus intereses, preferencias y los tipos de contenido con los que interactúan te ayudará a adaptar tus publicaciones en redes sociales para resonar con ellos. Tómate el tiempo para investigar y analizar la demografía de tu audiencia objetivo y usa esa información para guiar tu proceso de creación de contenido. Por ejemplo, si tu tienda Etsy se especializa en joyería hecha a mano, tu audiencia objetivo podría ser mujeres jóvenes interesadas en moda y accesorios.

Una vez que tengas una comprensión clara de tu audiencia, es hora de pensar en ideas de contenido. Piensa en qué diferencia a tu tienda Etsy de las demás y cómo puedes mostrar esa singularidad a través de tus publicaciones en redes sociales. Comparte vistas detrás de cámaras de tu proceso creativo, presenta testimonios y reseñas de clientes, o destaca la inspiración detrás de tus productos. La clave es crear contenido que no solo promocione tu tienda sino que también ofrezca valor o entretenimiento a tu audiencia.

El contenido visual es rey en las redes sociales, así que asegúrate de incluir imágenes y videos llamativos en tus publicaciones. Visuales de alta calidad y estéticamente agradables captarán la atención y fomentarán la interacción. Si estás mostrando un producto, considera usar imágenes de estilo de vida que demuestren cómo se puede usar o estilizar. También puedes crear videos cortos mostrando tus productos en acción o tutoriales sobre cómo usarlos. Recuerda, una imagen vale más que mil palabras, así que asegúrate de que tus visuales estén contando una historia convincente.

10: USO DE REDES SOCIALES PARA POTENCIAR EL SEO EN ETSY

Otra estrategia efectiva es crear contenido que provoque conversación y fomente el compartir social. Haz preguntas provocadoras, realiza encuestas o concursos, o invita a tu audiencia a compartir sus propias experiencias o historias relacionadas con tus productos. Esto no solo aumentará la interacción, sino que también amplificará el alcance de tu contenido a medida que los usuarios lo compartan con sus propias redes. A la gente le encanta ser escuchada y reconocida, así que darles una plataforma para compartir sus pensamientos y opiniones es una forma segura de dirigir tráfico a tu tienda.

Por último, no olvides optimizar tus leyendas y usar hashtags relevantes. Las palabras clave juegan un papel crucial en el SEO (optimización de motores de búsqueda), incluso en plataformas de redes sociales. Piensa en qué palabras o frases podría estar buscando tu audiencia objetivo e incorpóralas de manera natural en tus leyendas. Además, investiga y usa hashtags populares que sean relevantes para tu nicho y audiencia objetivo. Esto aumentará la visibilidad de tu contenido y atraerá a usuarios interesados en lo que ofreces.

Capítulo 11:
Analizando el Rendimiento de tu SEO

Configuración y análisis de las Estadísticas de tu Tienda Etsy

En este capítulo, nos sumergiremos en el emocionante mundo de configurar y leer las Estadísticas de tu Tienda Etsy. Como vendedor en Etsy, comprender y utilizar esta herramienta valiosa es crucial para optimizar el rendimiento y el éxito de tu tienda. ¡Comencemos!

Primero, hablemos sobre la configuración de tus Estadísticas de la Tienda Etsy. Después de iniciar sesión en tu cuenta de Etsy, navega a la pestaña de Administrador de la Tienda y encuentra la sección de Estadísticas. Aquí, tendrás la opción de habilitar las Estadísticas de la Tienda para tu tienda. Simplemente haz clic en el botón Habilitar, y Etsy comenzará a recopilar datos sobre el rendimiento de tu tienda.

Una vez que hayas configurado tus Estadísticas de la Tienda Etsy, es hora de sumergirse en las métricas clave y los puntos de datos que debes monitorear. Estas métricas te proporcionarán información valiosa sobre la efectividad de tu estrategia SEO y te ayudarán a tomar decisiones informadas para mejorar la visibilidad y las ventas de tu tienda.

Comprender y utilizar las Estadísticas de la Tienda de Etsy es crucial para optimizar el rendimiento y el éxito de tu tienda.

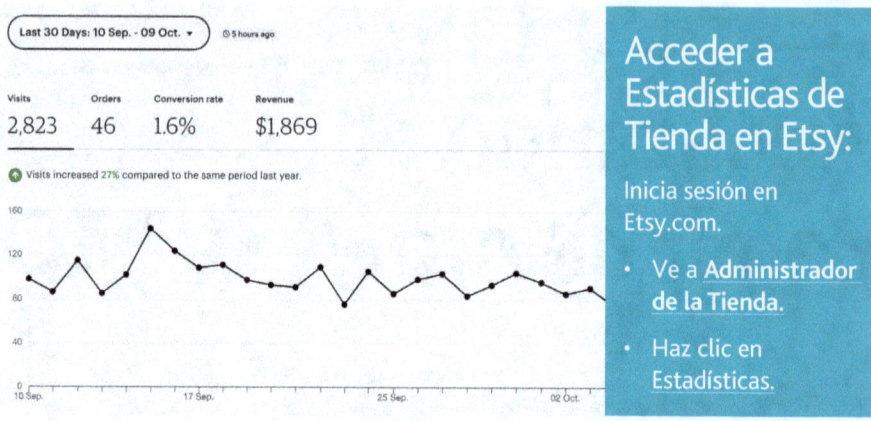

Una métrica importante para monitorear es la métrica de Vistas. Esta métrica te indica cuántas veces tus listados han sido vistos por clientes potenciales. Al rastrear esta métrica, puedes medir la efectividad de tus palabras clave y descripciones de artículos para atraer clientes a tu tienda.

Otra métrica esencial es la métrica de Visitantes. Esta métrica revela el número de visitantes únicos a tu tienda. Te da una idea de qué tan bien tu tienda está atrayendo a nuevos clientes. Al analizar estos datos, puedes identificar tendencias y patrones para optimizar tu estrategia SEO.

Entender tus Principales Fuentes de Tráfico también es crucial. Esta métrica te muestra de dónde viene el tráfico de tu tienda, como visitas directas, tráfico de motores de búsqueda o referencias de redes sociales. Al identificar las fuentes de tráfico más significativas, puedes enfocar tus esfuerzos en canales que traigan más clientes potenciales a tu tienda.

Ahora que tienes una idea de las métricas clave para monitorear, hablemos sobre la interpretación y ajuste basado en los datos obtenidos de las Estadísticas de la Tienda Etsy. Es importante revisar regularmente tus datos y hacer ajustes informados a tu estrategia SEO para mejorar el rendimiento de tu tienda.

How shoppers found you

Etsy brought 79% of visits

E Etsy app & other Etsy pages	286	⬆32%
Etsy search	114	⬆18%
Etsy marketing & SEO	20	⬆233%

You brought 21% of visits

Direct & other traffic	37	⬇3%
Social media ⌄	13	⬆18%
Advertising	65	⬇28%

Por ejemplo, si notas que una palabra clave en particular está generando una cantidad significativa de tráfico a tu tienda, es posible que desees enfatizar esa palabra clave en tus títulos, etiquetas y descripciones de artículos. Por otro lado, si encuentras que ciertas palabras clave no están funcionando bien, podrías considerar optimizarlas o reemplazarlas por otras más efectivas.

Además, ten en cuenta cualquier tendencia o patrón estacional en tus datos. Esta información puede ayudarte a planificar tu inventario y promociones para alinearse con la demanda de los clientes, maximizando así tus ventas y conversiones.

En conclusión, configurar y leer las Estadísticas de la Tienda Etsy es un aspecto esencial para dirigir una tienda Etsy exitosa. Al comprender y utilizar las valiosas perspectivas proporcionadas por las Estadísticas de la Tienda, puedes optimizar tu estrategia SEO, atraer más clientes y, en última instancia, aumentar tus ventas. No olvides revisar regularmente tus datos y hacer ajustes informados para mejorar continuamente el rendimiento de tu tienda.

¡Feliz análisis!

Usando herramientas externas para obtener perspectivas más profundas

Cuando se trata de optimizar el SEO de tu tienda Etsy, las Estadísticas de la Tienda proporcionadas por Etsy pueden sin duda ofrecerte información valiosa. Sin embargo, si buscas llevar tu análisis SEO al siguiente nivel, las herramientas externas de análisis SEO pueden proporcionarte perspectivas más profundas y ayudarte a tomar decisiones basadas en datos para mejorar la clasificación de tu tienda en Etsy.

Herramientas externas, como SEMrush, Moz y Ahrefs, ofrecen una gran cantidad de características diseñadas para descubrir oportunidades ocultas e identificar áreas de mejora en tu estrategia SEO. Echemos un vistazo más de cerca a algunas de las técnicas y consejos para aprovechar estas herramientas de manera efectiva:

Investigación de palabras clave:

Las herramientas externas de análisis SEO te permiten realizar una investigación de palabras clave exhaustiva para identificar palabras clave de alto rango relevantes para tu tienda. Al descubrir términos de búsqueda populares y palabras clave de cola larga con alto volumen de búsqueda y baja competencia, puedes optimizar tus listados y etiquetas para una mejor visibilidad en Etsy.

Por ejemplo, digamos que vendes joyería hecha a mano. Utilizando una herramienta externa de análisis SEO, podrías descubrir que la palabra clave aretes de oro hechos a mano tiene un alto volumen de búsqueda pero una competencia relativamente baja. Con esta información, puedes optimizar tus listados y etiquetas para incluir esta palabra clave y potencialmente atraer más tráfico orgánico a tu tienda.

Análisis de competidores:

Las herramientas externas de análisis SEO también te permiten analizar las estrategias SEO de tus competidores e identificar áreas donde puedes

obtener una ventaja competitiva. Al examinar sus palabras clave de alto rango, enlaces de retroceso y estrategias de contenido, puedes obtener información valiosa sobre lo que está funcionando en tu nicho y aplicar técnicas similares para mejorar el rendimiento SEO de tu propia tienda.

HERRAMIENTAS DE ANÁLISIS SEO
Analiza las estrategias SEO de tus competidores e implementa técnicas similares en tu tienda.

Por ejemplo, imaginemos que notas un competidor que consistentemente se clasifica alto para la palabra clave pulseras boho. Al analizar sus descripciones de productos, etiquetas y perfil de enlaces de retroceso, puedes descubrir que están aprovechando ciertas estrategias, como incluir reseñas de clientes y obtener enlaces de retroceso de bloggers influyentes. Armado con este conocimiento, puedes implementar técnicas similares en tu propia tienda para aumentar tus clasificaciones para la misma palabra clave.

Auditorías SEO:

Las herramientas externas de análisis SEO a menudo proporcionan auditorías SEO detalladas que evalúan la salud y el rendimiento general del SEO de tu tienda.

Estas auditorías típicamente analizan factores como la velocidad de carga de la página, metadatos, compatibilidad con móviles y estructura de enlaces internos, entre otros.

Al realizar auditorías SEO regulares, puedes identificar y rectificar cualquier problema técnico que pueda estar obstaculizando el rendimiento SEO de tu tienda. Por ejemplo, para los que poseen su propio sitio web, la auditoría podría revelar que la velocidad de carga de tu tienda es más lenta que el promedio, lo que lleva a una tasa de rebote más alta. Armado con esta información, puedes optimizar el rendimiento de tu tienda comprimiendo imágenes, minimizando CSS y JavaScript, y mejorando el tiempo de respuesta del servidor.

Análisis de enlaces de retroceso:

Las herramientas externas de análisis SEO también pueden ayudarte a evaluar la calidad y cantidad de enlaces de retroceso que apuntan a tu tienda. Los enlaces de retroceso, o enlaces entrantes de otros sitios web, son un factor clave para determinar la autoridad y la clasificación SEO de tu tienda. Con la ayuda de estas herramientas, puedes identificar qué sitios web están enlazando a tu tienda, el texto ancla utilizado y evaluar la calidad general de tu perfil de enlaces de retroceso.

Por ejemplo, si descubres que blogs influyentes o sitios web de la industria están enlazando a tu tienda, no solo mejora tu clasificación SEO sino que también aumenta la credibilidad de tu tienda y la exposición a clientes potenciales. Por otro lado, si encuentras que tu perfil de enlaces de retroceso está compuesto principalmente por sitios web de baja calidad o irrelevantes, puedes tomar medidas para desautorizar esos enlaces y mejorar la calidad general de tu perfil de enlaces de retroceso.

En resumen, las herramientas externas de análisis SEO pueden proporcionar valiosas perspectivas sobre el rendimiento SEO de tu tienda en Etsy. Al realizar investigaciones de palabras clave, analizar a la competencia, efectuar auditorías SEO y evaluar los enlaces de retroceso, puedes tomar decisiones basadas en datos y optimizar continuamente tu estrategia de SEO en Etsy para obtener una mejor visibilidad y aumentar las ventas.

Ajustando la Estrategia Basada en Métricas de Rendimiento

En esta sección, nos centraremos en el aspecto crucial de ajustar tu estrategia SEO basada en métricas de rendimiento. Utilizando las Estadísticas de la Tienda de Etsy y otras herramientas externas, puedes recopilar datos valiosos para refinar tu enfoque y obtener una visibilidad y ventas óptimas.

Revisando Métricas de Tráfico y Compromiso:

Revisa regularmente métricas como vistas de página, número de visitantes y tasas de compromiso. Si ciertos productos o palabras clave están generando más tráfico, considera impulsarlos en tus esfuerzos de marketing y SEO.

Evaluando el Rendimiento de Palabras Clave:

Analiza cuáles palabras clave están trayendo tráfico y conduciendo a conversiones. Si algunas palabras clave no están funcionando bien, podría ser momento de reemplazarlas por otras más efectivas basadas en tendencias actuales o análisis de búsqueda.

Evaluando Tasas de Conversión de Ventas:

Observa las tasas de conversión de vistas a ventas. Muchas vistas pero pocas ventas podrían indicar problemas con los precios, descripciones de productos o confianza del cliente. Ajusta estos elementos según sea necesario.

Análisis de Fuentes de Tráfico:

Determina qué canales están generando más tráfico a tu tienda. Si las plataformas de redes sociales son conductores principales de tráfico, intensifica tus esfuerzos allí. Si la mayoría del tráfico proviene de la búsqueda en Etsy, enfócate en optimizar tu SEO en Etsy.

Análisis de Compromiso en Redes Sociales:

Monitorea el rendimiento de tus publicaciones en redes sociales. Altas tasas de compromiso pueden indicar contenido que resuena bien con tu audiencia, sugiriendo un enfoque similar para tus listados en Etsy.

Comentarios y Reseñas de Clientes:

Presta atención a los comentarios de los clientes. Las reseñas positivas pueden resaltar fortalezas en las que capitalizar, mientras que los comentarios negativos pueden revelar áreas de mejora.

Ajustes Estacionales y de Tendencias:

Rastrea las tendencias estacionales que impactan tu tienda. Ajusta tu inventario, marketing y estrategias SEO para alinearte con estas tendencias y maximizar las ventas durante las temporadas pico.

Evaluación Comparativa de Competidores:

Mantén un ojo en el rendimiento de los competidores. Si están sobresaliendo en áreas donde tu tienda se queda atrás, analiza y aprende de sus estrategias.

Pruebas A/B:

Experimenta con diferentes estrategias SEO, como variar palabras clave, títulos y etiquetas. Monitorea el rendimiento de estos cambios para entender qué funciona mejor para tu tienda.

Auditorías SEO Regulares:

Realiza auditorías SEO periódicas utilizando herramientas externas para identificar áreas técnicas de mejora como velocidad del sitio web, responsividad móvil y optimización de imágenes.

Al analizar y ajustar consistentemente tu estrategia basada en métricas de rendimiento, puedes asegurarte de que tu tienda Etsy siga siendo competitiva y visible en los resultados de búsqueda, lo que lleva a un aumento de tráfico y ventas.

Capítulo 12:
Creando un Diseño de Tienda Amigable con el SEO

Organizando listados para una mejor experiencia de usuario

Cuando se trata de administrar una tienda en Etsy, la disposición y organización de tus listados juegan un papel crucial tanto en la experiencia del usuario como en el rendimiento del SEO. Una tienda bien organizada no solo ayuda a tus clientes a encontrar lo que necesitan, sino que también mejora tus rankings en los motores de búsqueda. Así que, ¡vamos a sumergirnos en algunos consejos para organizar tus listados y crear una mejor experiencia de usuario!

Una tienda bien organizada no solo ayuda a tus clientes a encontrar lo que necesitan, sino que también mejora tus clasificaciones en los motores de búsqueda.

Categoriza tus listados:

Empieza categorizando tus productos en diferentes secciones o colecciones. Esto ayuda a los clientes a navegar fácilmente por tu tienda y encontrar lo que buscan sin problemas. Por ejemplo, si vendes joyería hecha a mano, puedes tener secciones separadas para collares, aretes, pulseras y anillos. De esta manera, los clientes pueden ir directamente a la sección que les interesa.

Crea títulos claros y concisos:

Asegúrate de que los títulos de tus listados sean descriptivos y concisos. Utiliza palabras clave relevantes que los clientes potenciales puedan estar buscando. Evita usar títulos vagos o ambiguos que no transmitan claramente qué es el producto. Por ejemplo, en lugar de simplemente Aretes Bonitos, usa Aretes de Aro de Plata Hechos a Mano - Joyería Minimalista.

Utiliza imágenes convincentes:

Invierte en imágenes de alta calidad que muestren tus artículos de la mejor manera posible. Las buenas imágenes captan la atención y atraen a los clientes a hacer clic en tus listados. Asegúrate de incluir múltiples ángulos, primeros planos y fotos de estilo de vida cuando sea aplicable. Recuerda, ¡una imagen vale más que mil palabras!

Optimiza tus descripciones de productos:

Tus descripciones de productos deben ser informativas, atractivas y optimizadas para SEO. Incluye palabras clave relevantes de manera natural a lo largo de la descripción para mejorar tus rankings de búsqueda. Pero no te excedas: prioriza crear contenido valioso para tus clientes. Enfócate en resaltar las características únicas, beneficios e instrucciones de uso de tus productos.

Crear una experiencia de usuario positiva incluye proporcionar información relevante, optimizar tu tienda para el SEO y hacer que el proceso de compra sea lo más fluido posible.

Ofrece opciones de personalización:

Permite a los clientes personalizar o personalizar sus compras siempre que sea factible. Esto agrega un toque personal y hace que tus listados sean más atractivos. Por ejemplo, si vendes cerámica hecha a mano, ofrece diferentes opciones de color o la posibilidad de grabar nombres en las piezas. Esta personalización no solo mejora la experiencia del usuario, sino que también te diferencia de los competidores.

Proporciona políticas claras de envío y devolución:

Asegúrate de comunicar claramente tus políticas de envío y devolución en cada listado. Esta información ayuda a los clientes a tomar decisiones informadas y establece sus expectativas. Indica claramente cualquier costo de envío, tiempos estimados de entrega y el proceso para devoluciones o cambios. La transparencia genera confianza con tus clientes y los anima a realizar una compra.

Recuerda, crear una experiencia de usuario positiva no se trata solo de organizar tus listados de una manera visualmente atractiva. También se trata de proporcionar información relevante, optimizar tu tienda para SEO y hacer que el proceso de compra sea lo más fluido posible. Al implementar estos consejos, puedes mejorar tanto la experiencia del usuario como el rendimiento de SEO de tu tienda.

Optimizando la página principal de tu tienda para SEO

Como vendedor en Etsy, uno de los aspectos más vitales de tu tienda en línea es la página principal. Sirve como escaparate virtual donde los clientes potenciales aterrizan cuando visitan tu tienda. Optimizar la página principal de tu tienda para SEO puede tener un impacto significativo en atraer tráfico orgánico y mejorar tus rankings de búsqueda. En esta sección, exploraremos la importancia de una página principal optimizada para SEO y cómo puedes lograrlo.

Cuando se trata de crear una página principal de tienda amigable con el SEO, hay varios elementos clave que debes considerar. Estos elementos no solo mejoran la visibilidad en las búsquedas, sino que también involucran a tus clientes. Veamos más de cerca algunos de los elementos esenciales:

Navegación clara y concisa:

Asegúrate de que tu página principal tenga un menú de navegación claro y fácil de usar que ayude a los visitantes a navegar por tu tienda sin esfuerzo. Organiza tus productos en categorías y subcategorías relevantes, facilitando tanto a los motores de búsqueda como a los usuarios encontrar lo que buscan.

Imágenes de productos comprables:

Invierte en imágenes de alta calidad que muestren tus productos en la mejor luz posible. Asegúrate de optimizar estas imágenes para SEO utilizando palabras clave relevantes en el texto alternativo y nombres de archivos. Esto no solo mejorará tus rankings de búsqueda, sino que también proporcionará una experiencia visualmente atractiva para tus clientes.

Descripciones de productos convincentes:

Elabora descripciones de productos atractivas que no solo resalten las características clave, sino que también incorporen palabras clave relevantes.

Utiliza un lenguaje que resuene con tu audiencia objetivo y hable de sus necesidades y deseos. Recuerda, el objetivo es no solo optimizar para motores de búsqueda, sino también persuadir a los clientes potenciales para que realicen una compra.

Reseñas y testimonios de clientes:

Mostrar reseñas y testimonios de clientes en tu página principal no solo es una excelente manera de construir confianza, sino que también proporciona contenido generado por el usuario valioso. Las reseñas positivas pueden mejorar tu visibilidad en las búsquedas y alentar a los compradores potenciales a confiar en tus productos y servicios.

Promociones y descuentos destacados:

Utiliza secciones de banners en tu página principal para mostrar cualquier promoción, descuento u ofertas especiales en curso. Esto no solo capta la atención de los visitantes, sino que también proporciona un sentido de urgencia y los anima a tomar acción.

Botones de llamada a la acción claros y prominentes:

Facilita a tus clientes realizar la acción deseada incorporando botones de llamada a la acción claros y prominentes. Ya sea agregar un producto al carrito, suscribirse a un boletín informativo o contactarte, asegúrate de que estos botones se destaquen y guíen a los usuarios en la dirección correcta.

Ahora que hemos explorado los elementos clave de una página principal de tienda amigable con el SEO, profundicemos en el uso efectivo de banners y listados destacados. Estos elementos no solo realzan el atractivo visual de tu página principal, sino que también contribuyen a la optimización SEO y resaltan tus productos más vendidos.

Colocar banners estratégicamente en tu página principal te permite llamar la atención sobre productos específicos, promociones o ofertas estacionales. Asegúrate de que los banners sean visualmente atractivos y contengan palabras clave relevantes en el texto o imágenes. Considera usar frases convincentes como Oferta por Tiempo Limitado o Más Vendido para crear un sentido de exclusividad y urgencia.

Los listados destacados son otra herramienta poderosa para optimizar tu página principal tanto para SEO como para el compromiso del cliente. Elige tus productos más vendidos o novedades y preséntalos de manera prominente en tu página principal. Optimiza los títulos de los productos, descripciones e imágenes con palabras clave relevantes para mejorar los rankings de búsqueda y atraer a los clientes a hacer clic y explorar más.

Recuerda actualizar regularmente tus banners y listados destacados para mantener tu página principal fresca y atractiva tanto para los motores de búsqueda como para los clientes. Una página principal bien optimizada no solo atrae tráfico orgánico, sino que también ayuda a convertir a los visitantes en clientes felices.

Aquí tienes una lista de lugares donde puedes diseñar tus banners de tienda:

Canva: Una plataforma de diseño gráfico fácil de usar con una variedad de plantillas específicamente para banners de Etsy. Es genial para vendedores que quieren hacer sus diseños DIY con una interfaz fácil de usar.

Fiverr: Un mercado de servicios freelance donde puedes encontrar diseñadores gráficos que ofrecen diseños personalizados de banners de Etsy a varios precios.

Etsy: Hay muchos vendedores en Etsy que se especializan en crear gráficos personalizados para tiendas de Etsy, incluyendo banners.

Upwork: Una plataforma para freelancers donde puedes contratar diseñadores gráficos profesionales con experiencia en la creación de banners para tiendas de Etsy.

Freelancer.com: Un mercado de freelance donde puedes publicar tu proyecto de diseño de banner de Etsy y recibir ofertas de diseñadores gráficos.

Utilizando secciones de tienda eficazmente

Organizar tus listados en secciones de tienda puede tener numerosos beneficios tanto para ti como vendedor como para tus clientes potenciales. No solo ayuda a crear un diseño de tienda más organizado y visualmente atractivo, sino que también mejora la experiencia del usuario al facilitar a los compradores la navegación por tus productos. Además, utilizar eficazmente las secciones de tienda también puede impactar positivamente en el rendimiento de tu tienda en la optimización de motores de búsqueda (SEO).

Entonces, ¿cómo puedes sacar el máximo provecho de tus secciones de tienda? Aquí tienes algunos consejos y estrategias para ayudarte a utilizar eficazmente las secciones de tienda:

Crea nombres de secciones de tienda relevantes y descriptivos:

Al nombrar tus secciones de tienda, es importante elegir nombres que representen con precisión los tipos de productos que se encuentran dentro de ellas. Por ejemplo, en lugar de nombres genéricos como Varios u Otros, opta por nombres de sección específicos como Decoración del Hogar, Joyería o Ropa Hecha a Mano. Esto no solo ayuda a los compradores a identificar rápidamente el tipo de productos que buscan, sino que también se alinea con sus consultas de búsqueda, mejorando la visibilidad de tu tienda en los resultados de búsqueda.

Aquí hay cinco ejemplos de cómo puedes categorizar tus listados para diferentes tipos de tiendas en Etsy:

> **Tienda de Joyería Hecha a Mano:**
> **Categorías:** Collares, Aretes, Pulseras, Anillos, Joyería Personalizada
> **Ejemplo:** Secciones separadas para cada tipo de joyería, facilitando a los clientes encontrar artículos específicos como 'Collares de Plata Esterlina' o 'Pulseras con Cuentas'.

Tienda de Ropa Vintage:
Categorías: Vestidos Vintage, Tops Retro, Faldas Antiguas, Abrigos Vintage, Accesorios
Ejemplo: Organiza la ropa por tipo y época, como 'Minifaldas de los años 60' o 'Chaquetas de Cuero Vintage'.

Tienda de Suministros de Arte:
Categorías: Pinturas y Medios, Pinceles y Herramientas, Lienzos y Superficies, Suministros de Dibujo, Kits de Arte
Ejemplo: Diferentes secciones para varios suministros de arte, como 'Pinturas Acuarelas' o 'Cuadernos y Papel para Dibujo'.

Tienda de Decoración del Hogar:
Categorías: Arte de Pared, Cojines Decorativos, Iluminación, Alfombras y Tapetes, Decoración de Mesa
Ejemplo: Agrupa artículos según su uso en la decoración del hogar, ofreciendo categorías como 'Jarrones de Cerámica Hechos a Mano' o 'Alfombras de Estilo Bohemio'.

Tienda de Cuidado de la Piel Natural:
Categorías: Cuidado Facial, Cuidado Corporal, Cuidado del Cabello, Aromaterapia, Sets de Regalo
Ejemplo: Segrega productos basados en su aplicación, como 'Serums Faciales Orgánicos' o 'Champús Herbales'.

Optimiza las descripciones de las secciones de tienda para SEO:

Escribir descripciones de secciones de tienda atractivas y ricas en palabras clave puede mejorar enormemente el rendimiento SEO de tu tienda. Considera incluir palabras clave y frases relevantes que los compradores potenciales puedan usar al buscar productos en tu tienda. Por ejemplo, si tu sección de tienda está dedicada a velas hechas a mano, podrías incluir palabras clave como velas de soja, velas vertidas a mano o velas de aromaterapia en la descripción. Al hacerlo, aumentas la probabilidad de que tu sección de tienda aparezca en los resultados de búsqueda cuando los clientes buscan esos productos específicos.

Mejora la experiencia del usuario a través de la organización:

Una tienda bien estructurada con secciones claras y lógicas no solo facilita a los compradores encontrar lo que buscan, sino que también los anima a explorar más productos dentro de tu tienda. Considera agrupar artículos similares juntos dentro de cada sección, permitiendo a los clientes navegar sin esfuerzo por productos relacionados. Por ejemplo, si vendes joyería hecha a mano, podrías crear secciones para collares, aretes, pulseras y anillos. De esta manera, los clientes interesados en collares pueden navegar rápidamente a esa sección y encontrar una variedad de opciones de collares.

Utiliza el enlace cruzado entre secciones de tienda:

Enlazar secciones de tienda relacionadas entre sí puede mejorar aún más la experiencia del usuario y aumentar las posibilidades de que los clientes descubran más de tus productos. Por ejemplo, si tienes una sección dedicada a la decoración del hogar, podrías incluir un enlace o mencionar secciones relacionadas como velas hechas a mano o arte de pared dentro de la descripción. Esto permite a los clientes que navegan por la sección de decoración del hogar explorar fácilmente otras secciones relevantes dentro de tu tienda, aumentando el compromiso y potencialmente impulsando las ventas.

Al utilizar eficazmente las secciones de tienda e implementar estas estrategias, puedes crear una tienda visualmente atractiva y bien organizada que no solo mejore la experiencia del usuario sino que también impulse el rendimiento SEO de tu tienda. Recuerda analizar y optimizar continuamente tus secciones de tienda basado en comentarios de los clientes y análisis de búsqueda para asegurar que sigan siendo relevantes y atractivas.

Capítulo 13:
Técnicas Avanzadas para la Optimización de Palabras Clave

Las palabras clave de cola larga y su ventaja secreta

¡Ah, el poder de las palabras clave de cola larga! Como vendedores en Etsy, siempre estamos buscando maneras de aumentar la visibilidad de nuestros productos en los resultados de búsqueda. Y ahí es donde entran en juego las palabras clave de cola larga, amigos míos. Son el arma secreta que puede ayudarnos a apuntar a nichos específicos y atraer al tipo de clientes adecuados a nuestras tiendas en Etsy. Sumergámonos más profundamente en este mágico mundo de palabras clave de cola larga y descubramos su ventaja oculta.

Entonces, ¿qué son exactamente las palabras clave de cola larga? A diferencia de las palabras clave cortas y genéricas como joyería o impresiones de arte, las palabras clave de cola larga son frases más específicas que tienen un menor volumen de búsqueda, pero una mayor intención. Son como los

Las palabras clave de cola larga son frases más específicas que tienen un menor volumen de búsqueda pero una mayor intención.

susurros de nicho en el vasto mercado de Etsy, atrayendo a clientes que buscan algo único y adaptado a sus necesidades.

Una de las principales ventajas de incorporar palabras clave de cola larga en tu estrategia SEO de Etsy es la reducción de la competencia. Piénsalo: si vendes aretes inspirados en el estilo boho hechos a mano, apuntar a la palabra clave aretes quizás no funcione a tu favor. Esa palabra clave es demasiado amplia y altamente competitiva. En cambio, usar una palabra clave de cola larga como aretes boho hechos a mano para festivales te ayudará a destacar y atraer a compradores potenciales que están buscando específicamente lo que ofreces. ¡Es como tener un código secreto que solo tu público objetivo entiende!

Otra ventaja secreta de las palabras clave de cola larga es la mayor tasa de conversión que pueden aportar a tu tienda Etsy. Cuando alguien usa una palabra clave de cola larga en su consulta de búsqueda, indica que tiene una idea clara de lo que quiere. Están listos para hacer una compra y buscan activamente productos que coincidan con sus criterios. Al incorporar estas palabras clave específicas en tus listados, aumentas las posibilidades de atraer clientes que tienen más probabilidades de convertirse en compradores. Es como tener un asistente de tienda virtual que sabe exactamente lo que tus clientes quieren y les presenta los productos perfectos.

Sé lo que probablemente estás pensando, ¿Pero cómo encuentro estas mágicas palabras clave de cola larga? No temas, mis compañeros vendedores de Etsy, porque tengo algunos consejos para ayudarte en tu viaje de investigación de palabras clave. Comienza pensando en frases relevantes que tu público objetivo podría usar al buscar productos como los tuyos. Ponte en su lugar y piensa en las características específicas, ocasiones o aspectos de solución de problemas de tus productos. Por ejemplo, si vendes velas hechas a mano, piensa en palabras clave como velas de soja de lavanda para relajación o velas vertidas a mano para noches románticas.

Una vez que tengas una lista de posibles palabras clave de cola larga, es hora de investigar. Usa herramientas de investigación de palabras clave como Google Keyword Planner o la propia barra de búsqueda de Etsy para verificar el volumen de búsqueda y la competencia de cada palabra clave. Busca palabras clave con un volumen de búsqueda moderado y baja competencia para maximizar tus posibilidades de clasificar más alto en los resultados de búsqueda de Etsy. Y no olvides estar atento a los listados de tus competidores y ver si puedes encontrar palabras clave de cola larga no explotadas que podrían estar pasando por alto.

Aquí hay 10 ejemplos de palabras clave de cola larga, mostrando la transición de palabras clave generales y amplias a palabras clave específicas y de cola larga:

Palabra Clave General: Velas
Palabra Clave de Cola Larga: Velas Aromáticas de Cera de Soja Hechas a Mano

Palabra Clave General: Tapetes de Yoga
Palabra Clave de Cola Larga: Tapetes de Yoga Antideslizantes Ecológicos para Hot Yoga

Palabra Clave General: Relojes para Hombres
Palabra Clave de Cola Larga: Relojes Mecánicos para Hombres con Correa de Cuero Vintage

Palabra Clave General: Vestidos de Novia
Palabra Clave de Cola Larga: Vestidos de Novia de Encaje Bohemio con Mangas Largas

Palabra Clave General: Tazas de Café
Palabra Clave de Cola Larga: Tazas de Café de Cerámica Personalizadas con Frases

Palabra Clave General: Mantas para Bebés
Palabra Clave de Cola Larga: Mantas de Algodón Orgánico para Recién Nacidos

Palabra Clave General: Arte de Pared
Palabra Clave de Cola Larga: Arte de Pared Acrílico Abstracto de Gran Tamaño para Sala de Estar

Palabra Clave General: Botas para Mujeres
Palabra Clave de Cola Larga: Botas de Senderismo Ligeras e Impermeables para Mujeres

Palabra Clave General: Cuidado de la Piel Vegano
Palabra Clave de Cola Larga: Set de Regalo de Cuidado de la Piel Vegano Anti-Edad para Piel Sensible

Palabra Clave General: Bolsos
Palabra Clave de Cola Larga: Bolsos Cruzados de Cuero Vegano Hechos a Mano

Y finalmente, amigos, es hora de esparcir esas cuidadosamente seleccionadas palabras clave de cola larga en tus listados de Etsy. Asegúrate de incorporarlas de manera natural y evita el relleno de palabras clave, ya que puede perjudicar tus clasificaciones. Úsalas en tus títulos, etiquetas y descripciones de productos para aumentar tus posibilidades de aparecer en resultados de búsqueda relevantes.

Recuerda, el poder de las palabras clave de cola larga radica en su capacidad para apuntar a nichos específicos y atraer clientes altamente motivados. Así que aprovecha su ventaja secreta, ponte tu sombrero de vendedor de Etsy profesional pero divertido, y deja que esas palabras clave de cola larga hagan su magia para impulsar el SEO de tu tienda.

Latent Semantic Indexing (LSI) en el SEO de Etsy

Como vendedor en Etsy, siempre estás buscando formas de mejorar tus clasificaciones de búsqueda y aumentar la visibilidad de tu tienda. Una técnica poderosa que puedes usar para lograr estos objetivos es aprovechar las palabras clave de indexación semántica latente (LSI). Las palabras clave LSI son palabras o frases estrechamente relacionadas con tus palabras clave objetivo y pueden mejorar la relevancia de tus listados en los resultados de búsqueda. En esta sección, exploraremos la importancia del LSI en el SEO de Etsy y cómo puedes utilizarlo para aumentar la visibilidad de tu tienda.

Entonces, ¿qué es exactamente el LSI? La indexación semántica latente es una técnica utilizada por los motores de búsqueda para analizar las relaciones entre términos y conceptos. Permite que motores de búsqueda como Google comprendan el contexto de una página web al identificar palabras y frases relacionadas. Al incorporar palabras clave LSI en tus listados, puedes proporcionar más contexto y mejorar la relevancia general de tu contenido.

Pero, ¿por qué es importante el LSI en el SEO de Etsy? Bueno, es simple. El algoritmo de búsqueda de Etsy premia los listados que son altamente relevantes para la consulta de búsqueda de un usuario. Al usar palabras clave LSI, puedes demostrar al algoritmo de Etsy que tus listados están estrechamente relacionados con lo que el usuario está buscando. Esto puede resultar en clasificaciones de búsqueda más altas y una mayor visibilidad para tu tienda.

Ahora que comprendes la importancia del LSI en el SEO de Etsy, exploremos algunas estrategias para incorporar palabras clave LSI en tus listados. El primer paso es realizar una investigación exhaustiva de palabras clave. Usando herramientas y técnicas como el Planificador de Palabras Clave de Google, puedes identificar palabras clave LSI relevantes para tu nicho y público objetivo.

Una vez que tengas una lista de palabras clave LSI, puedes comenzar a incorporarlas en tus listados. Una estrategia efectiva es incluir naturalmente palabras clave LSI en tus títulos de productos, descripciones y etiquetas. Por ejemplo, si vendes jabón hecho a mano, puedes incluir palabras clave LSI como ingredientes naturales, aromaterapia o hidratante para mejorar la relevancia de tus listados.

Aquí hay algunos ejemplos de uso de palabras clave de Indexación Semántica Latente (LSI) en diferentes escenarios de Etsy:

Tienda de Joyería Hecha a Mano:
Palabra Clave Principal: Aretes Hechos a Mano
Palabras Clave LSI: Pendientes artesanales, aretes colgantes de estilo bohemio, aros únicos de plata, aretes de oro personalizados, diseño de joyería a medida

Negocio de Camisetas Personalizadas:
Palabra Clave Principal: Camisetas Personalizadas
Palabras Clave LSI: Diseños de camisetas personalizadas, camisetas con estampados gráficos, camisetas con lemas a medida, tops de algodón a medida, ropa con serigrafía única

Boutique de Cuidado de la Piel Orgánico:
Palabra Clave Principal: Crema Facial Orgánica
Palabras Clave LSI: Productos de cuidado de la piel natural, humectante ecológico, loción facial botánica, crema para la piel sin químicos, soluciones de cuidado de la piel herbal

Tienda de Decoración del Hogar Vintage:
Palabra Clave Principal: Lámpara Vintage
Palabras Clave LSI: Lámpara antigua, lámpara de mesa retro, lámpara de pie de mediados de siglo, luz de decoración clásica, lámpara de escritorio de estilo antiguo

Estudio de Cerámica Artesanal:
Palabra Clave Principal: Jarrón de Cerámica
Palabras Clave LSI: Cerámica hecha a mano, maceta de cerámica, pieza de arte de arcilla, decoración de cerámica a medida, urna artesanal

En cada uno de estos escenarios, las palabras clave LSI proporcionan contexto adicional y variaciones relacionadas con la palabra clave principal, ayudando a mejorar la capacidad de descubrimiento y relevancia del artículo en la plataforma de búsqueda de Etsy. Estas palabras clave deben incorporarse de manera natural en los títulos, descripciones y etiquetas de los productos para un rendimiento óptimo del SEO.

Otra estrategia es crear variaciones de tus palabras clave objetivo y esparcirlas a lo largo de tus listados. Por ejemplo, si tu palabra clave objetivo es joyería hecha a mano, puedes incluir variaciones como joyería artesanal, joyería única o joyería personalizada. Esto no solo agrega más contexto a tus listados, sino que también te ayuda a clasificar para una gama más amplia de consultas de búsqueda.

Además, no olvides analizar tu competencia. Observa a los vendedores exitosos de Etsy en tu nicho y ve qué palabras clave LSI están usando en sus listados. Esto puede darte una idea de las palabras clave LSI más relevantes y efectivas para tu propia tienda.

Al utilizar palabras clave LSI en tus listados, puedes mejorar en gran medida la optimización de palabras clave de tu tienda y mejorar tus clasificaciones de búsqueda en Etsy. Por lo tanto, tómate el tiempo para realizar una investigación exhaustiva de palabras clave, incorpora palabras clave LSI de manera natural en tu contenido y mantén un ojo en tu competencia. Con estas estrategias, estarás en camino de aumentar la visibilidad de tu tienda y atraer más clientes.

Equilibrando Palabras Clave Amplias y de Nicho

Cuando se trata de optimización de SEO para Etsy, es crucial encontrar un equilibrio entre palabras clave amplias y de nicho. Esto te ayudará a atraer una audiencia más amplia mientras te enfocas en grupos específicos de clientes potenciales. Así que, ¡veamos algunos consejos y trucos para encontrar ese punto dulce entre palabras clave amplias y de nicho!

Al optimizar tus listados en Etsy, es importante usar tanto palabras clave amplias como de nicho de manera estratégica. Las palabras clave amplias son términos más generales que tienen un volumen de búsqueda más alto. Te ayudan a capturar una audiencia más amplia y generar más tráfico orgánico a tus listados. Por otro lado, las palabras clave de nicho son más específicas y están adaptadas a un público particular o categoría de producto. Te permiten enfocarte en un grupo específico de clientes potenciales y mejorar la relevancia de tus listados para sus consultas de búsqueda.

Entonces, ¿cómo logras el equilibrio correcto entre estos dos tipos de palabras clave? Aquí tienes algunos consejos:

Investiga palabras clave amplias populares relacionadas con tu categoría de producto. Estos son los términos que comúnmente utilizan las personas que buscan productos similares en Etsy. Por ejemplo, si vendes jabón hecho a mano, palabras clave amplias como jabón natural, jabón artesanal o jabón vegano podrían ser relevantes. Incorpora estas palabras clave amplias en tus títulos, etiquetas y descripciones para capturar una audiencia más amplia.

Identifica palabras clave de nicho específicas para tu público objetivo. Piensa en las características, beneficios o aspectos únicos de tus productos que puedan atraer a un grupo particular de clientes. Por ejemplo, si ofreces jabón ecológico, palabras clave de nicho como jabón sin desperdicio, jabón sin plástico o jabón sostenible podrían ser relevantes. Usa estas palabras clave de nicho de manera estratégica en tus listados para atraer a clientes que buscan específicamente opciones ecológicas.

Analiza a tu competencia. Observa a otros vendedores exitosos en tu nicho y ve qué palabras clave están usando en sus listados. Esto puede darte información valiosa sobre qué palabras clave son efectivas en tu industria. Sin embargo, evita copiar directamente sus palabras clave o contenido. En su lugar, utiliza estos conocimientos para generar nuevas ideas y refinar tus propias palabras clave.

Experimenta y rastrea tus resultados. La optimización de SEO en Etsy es un proceso continuo, y lo que funciona para un vendedor puede no funcionar para otro. Así que no tengas miedo de experimentar con diferentes combinaciones de palabras clave amplias y de nicho. Monitorea tu tráfico, conversiones y datos de ventas para ver qué palabras clave están impulsando el mayor éxito para tu tienda. Luego, puedes ajustar tu estrategia de palabras clave en consecuencia.

Recuerda, encontrar el equilibrio adecuado entre palabras clave amplias y de nicho se trata de comprender a tu público objetivo y atender a sus necesidades e intereses específicos. Al incorporar ambos tipos de palabras clave en tus listados de Etsy, puedes expandir tu alcance mientras atraes a los clientes que tienen más probabilidades de comprarte. Así que diviértete explorando diferentes estrategias de palabras clave y descubriendo lo que funciona mejor para tu tienda.

Capítulo 14: Estrategias de Marketing de Contenidos en Etsy

Creando contenido de blog para apoyar tu SEO en Etsy

Como vendedores en Etsy, todos sabemos la importancia de mantenernos al tanto de las últimas tendencias de SEO para aumentar la visibilidad de nuestras tiendas. Una estrategia efectiva que a menudo se pasa por alto es el marketing de contenidos a través de blogs. En este capítulo, exploraremos cómo la creación de contenido de blog puede apoyar tu estrategia de SEO en Etsy y mejorar la visibilidad y clasificación de búsqueda de tu tienda.

Es importante entender que a los motores de búsqueda les encanta el contenido fresco y relevante.

Cuando se trata de crear contenido de blog para apoyar tu SEO en Etsy, hay algunos factores clave a tener en cuenta. En primer lugar, es importante entender que a los motores de búsqueda les encanta el contenido fresco y relevante. Al actualizar regularmente tu blog con artículos informativos y atractivos relacionados con tus productos, estás señalizando a los motores de búsqueda que tu tienda está activa y relevante. Esto puede llevar a una mejora en las clasificaciones de búsqueda y aumentar la visibilidad de tu tienda Etsy.

En segundo lugar, los blogs te permiten apuntar a palabras clave de cola larga que pueden ser difíciles de incorporar en tus descripciones de productos. Las palabras clave de cola larga son frases específicas y de nicho que los clientes potenciales pueden usar al buscar productos similares a los tuyos. Al crear contenido de blog que se enfoque en estas palabras clave de cola larga, tienes una mejor oportunidad de clasificar más alto en las páginas de resultados de los motores de búsqueda y atraer tráfico dirigido a tu tienda.

Por último, los blogs proporcionan una excelente oportunidad para mostrar tu experiencia y construir confianza con los clientes potenciales. Al compartir información valiosa y conocimientos relacionados con tus productos, te posicionas como una autoridad de confianza en tu nicho. Esto puede ayudar a establecer credibilidad de marca y fomentar negocios y referencias repetidas.

Si buscas crear contenido de blog para apoyar tu SEO en Etsy, hay varias plataformas donde puedes comenzar un blog. Aquí hay algunos sitios web específicos adecuados para blogs:

WordPress.com: Una plataforma de blogs popular y versátil que ofrece opciones gratuitas y de pago. Es fácil de usar y ofrece una amplia gama de opciones de personalización.

Blogger (Blogspot): Un servicio de blog gratuito proporcionado por Google. Es fácil de usar e integra bien con otros servicios de Google.

Wix: Conocido por su constructor de sitios web de arrastrar y soltar, Wix también ofrece capacidades de blogueo. Es ideal para aquellos que quieren un blog visualmente atractivo con un esfuerzo técnico mínimo.

Squarespace: Ofrece plantillas elegantes y diseñadas profesionalmente que son particularmente atractivas para blogs enfocados en lo visual, como los relacionados con manualidades y diseño.

Weebly: Otro constructor de sitios web de arrastrar y soltar que facilita la creación de un blog. Es fácil de usar y ofrece una variedad de opciones de diseño.

Medium: Una plataforma que se centra en el aspecto de escritura y contenido, ofreciendo una interfaz limpia y libre de distracciones. Ideal para aquellos que quieren enfocarse únicamente en el contenido sin preocuparse por elementos de diseño.

Tumblr: Un sitio web de microblogging y redes sociales que es particularmente popular entre las comunidades creativas y artísticas. Permite una mezcla de blogs y interacción en redes sociales.

Typepad: Un servicio de blogs confiable y personalizable con análisis integrados. Es un servicio de pago, pero ofrece características sólidas y soporte.

Tu Propio Sitio Web: Crear una sección de blog en tu sitio web comercial existente. Esto es una excelente manera de dirigir tráfico a tu sitio principal y mantener a tu audiencia comprometida con tu marca.

Cada plataforma tiene su propio conjunto de características y ventajas, por lo que vale la pena explorar algunas para ver cuál se alinea mejor con tus necesidades y objetivos. Recuerda, el contenido de blog consistente y de alta calidad puede contribuir significativamente a tus esfuerzos de SEO y ayudar a dirigir tráfico a tu tienda Etsy.

Expandiendo el Alcance a Través de la Sindicación de Contenidos

¿Alguna vez te has preguntado cómo expandir el alcance de tu tienda Etsy y mejorar tu SEO? Bueno, estoy aquí para contarte sobre el maravilloso mundo de la sindicación de contenidos. ¡Es una forma fantástica de exponer tu contenido a más personas y generar más tráfico a tu tienda!

Entonces, ¿qué es exactamente la sindicación de contenidos? Es el proceso de distribuir tu contenido, como publicaciones de blog o artículos, en otras plataformas o sitios web. Esto significa que más personas tendrán la oportunidad de descubrir tu contenido y, en última instancia, tu tienda Etsy.

Vamos a sumergirnos en la primera sección para entender la sindicación de contenidos para vendedores de Etsy. Exploraremos cómo la sindicación de contenidos puede expandir el alcance de tu contenido y dar un impulso al SEO de tu tienda.

¿Estás listo para llevar tu tienda Etsy al siguiente nivel? Bueno, identificar plataformas adecuadas de sindicación de contenidos es un paso clave. Estas plataformas no solo se alinean con tu nicho, sino que también ofrecen beneficios SEO para tu tienda Etsy.

Pero, ¿cómo encuentras estas plataformas? Comienza investigando blogs populares, sitios web o revistas en línea que se dirijan a tu audiencia objetivo. Por ejemplo, si vendes joyería hecha a mano, podrías buscar blogs de moda o estilo de vida que acepten contenido sindicado.

Aquí hay algunos sitios web y plataformas donde puedes considerar:

Artículos en LinkedIn: Si tus productos son relevantes para una audiencia profesional o si escribes sobre temas como emprendimiento o estrategias para pequeñas empresas, publicar artículos en LinkedIn puede ser beneficioso.

Publicaciones como Invitado en Blogs de Nicho: Encuentra blogs que se alineen con el nicho de tu tienda Etsy. Por ejemplo, si vendes joyería hecha a mano, busca blogs de moda o estilo de vida que acepten publicaciones de invitados o contenido sindicado.

SINDICACIÓN DE CONTENIDO

Una manera fantástica de exponer tu contenido a más personas y generar más tráfico hacia tu tienda.

La sindicación de contenido es el proceso de distribuir tu contenido, como entradas de blog o artículos, en otras plataformas o sitios web.

Flipboard: Una plataforma de agregación de contenido donde puedes crear tu propia 'Revista' para compartir artículos, incluyendo tus propias publicaciones de blog, aumentando así tu alcance.

Scoop.it: Esta herramienta de curación de contenido te permite compartir tus publicaciones de blog sobre temas específicos, ayudándote a alcanzar una audiencia interesada en tu nicho.

Reddit: Puedes compartir tu contenido en subreddits relevantes. Sin embargo, asegúrate de adherirte a las reglas de cada subreddit y contribuir a la comunidad para evitar ser visto como spam.

Pinterest: No solo para compartir imágenes, Pinterest te permite enlazar de vuelta a tu contenido de blog. Es especialmente efectivo para productos visualmente atractivos o temas de DIY.

Comunidad de Buzzfeed: Puedes crear publicaciones en la sección Comunidad. Si tu contenido se alinea con el estilo y la audiencia de Buzzfeed, este puede ser un buen lugar para la sindicación.

Boletines por Correo Electrónico: Si tienes una lista de suscriptores, compartir tu contenido a través de boletines es una forma directa de involucrar a tu audiencia.

Al elegir plataformas para la sindicación de contenidos, considera la relevancia para tu nicho, la audiencia de la plataforma y cuán bien se alinea con tu marca y productos de Etsy. Recuerda rastrear el rendimiento de tu contenido sindicado para comprender qué plataformas son más efectivas para tu tienda Etsy.

Una vez que hayas encontrado algunas plataformas potenciales, observa su autoridad de dominio, participación de la audiencia y relevancia para tus productos. Recuerda, quieres elegir plataformas que tengan una fuerte presencia en SEO y atraigan al tipo de audiencia que estaría interesada en tu tienda Etsy.

Ahora, avancemos y optimicemos tu contenido sindicado para SEO y promoción en Etsy. ¡Aquí es donde ocurre la verdadera magia!

Cuando se trata de optimizar tu contenido sindicado para visibilidad en búsqueda y promoción en Etsy, hay algunas estrategias clave a tener en mente.

Primero, asegúrate de incluir palabras clave relevantes a lo largo de tu contenido. Esto ayudará a los motores de búsqueda a entender de qué trata tu contenido y mejorar tus posibilidades de clasificar más alto en los resultados de búsqueda. Por ejemplo, si vendes jabón hecho a mano, incluye palabras clave como jabón natural o cuidado de la piel orgánico en tu contenido.

Luego, considera incorporar promociones estratégicas de Etsy dentro de tu contenido sindicado. Esto podría ser en forma de un llamado a la acción al final de tu artículo, animando a los lectores a visitar tu tienda Etsy o ofreciendo un código de descuento especial para lectores que realicen una compra.

Por último, no olvides promocionar tu contenido sindicado en tus canales de redes sociales y en los boletines de tu tienda Etsy. Esto ayudará a generar más tráfico a tu contenido y, en última instancia, aumentar la visibilidad y ventas de tu tienda Etsy.

Venta Adicional y Venta Cruzada en Etsy

La venta adicional y la venta cruzada son estrategias poderosas para los vendedores de Etsy para aumentar los ingresos, mejorar la satisfacción del cliente y realzar la experiencia de compra general. Al implementar estas técnicas, puedes animar a los compradores a considerar compras adicionales que complementen o mejoren su elección inicial. Este capítulo profundiza en formas efectivas de realizar venta adicional y venta cruzada en Etsy, transformando compras individuales en transacciones más valiosas.

Entendiendo la Venta Adicional y la Venta Cruzada

Venta Adicional: Esto implica animar a los clientes a comprar un artículo más caro, una mejora o un complemento para realzar el producto que planean comprar. Por ejemplo, sugerir un tamaño más grande o una opción de material premium.

Venta Cruzada: Esta estrategia implica recomendar productos relacionados con el artículo que un cliente está interesado o ya ha comprado. Por ejemplo, sugerir un par de aretes a juego para un collar.

Implementando Venta Adicional en Etsy

Listados de Productos: Usa tus listados de productos para mostrar opciones premium. Por ejemplo, si estás vendiendo diarios artesanales, podrías destacar una opción para agregar grabado personalizado por un poco más.

Fotografía de Productos: Incluye imágenes que muestren versiones mejoradas o complementos. Los estímulos visuales pueden atraer efectivamente a los compradores a considerar opciones de mayor valor.

Descripciones Detalladas: Usa tus descripciones de productos para explicar los beneficios de las versiones mejoradas o características adicionales.

Técnicas Efectivas de Venta Cruzada

Listados Agrupados: Crea listados que agrupen productos relacionados juntos a un costo total ligeramente reducido. Por ejemplo, un paquete de cuidado de la piel que incluya limpiador, tónico y humectante.

Secciones y Etiquetas de la Tienda: Utiliza las secciones y etiquetas de la tienda estratégicamente para agrupar productos relacionados. Esto facilita a los clientes encontrar artículos complementarios.

Recomendaciones Personalizadas: Después de una compra, envía un mensaje de agradecimiento e incluye recomendaciones de otros artículos en tu tienda que al comprador le podrían gustar.

Aprovechando las Herramientas de Etsy para la Venta Adicional y Cruzada

Listados de Variaciones: Usa la función de variación de Etsy para ofrecer opciones como tamaños, colores u otras mejoras directamente en la página del producto.

Emails Automatizados de Etsy: Aprovecha los correos electrónicos de marketing de Etsy, que pueden incluir recomendaciones de artículos relacionados con compras anteriores.

Mejores Prácticas para la Venta Adicional y Cruzada

Propuesta de Valor: Siempre resalta el valor o ahorro que el cliente obtendrá de los artículos de venta adicional o cruzada.

Relevancia: Asegúrate de que los productos que estás vendiendo adicionalmente o cruzadamente sean relevantes para el interés original del cliente.

Experiencia del Cliente: Mantén la experiencia del cliente en primer plano. Evita tácticas de venta agresivas que puedan restarle valor.

Retroalimentación y Ajuste: Revisa regularmente tus estrategias de venta adicional y cruzada basándote en los comentarios de los clientes y los datos de ventas. Ajusta tu enfoque en consecuencia.

La venta adicional y cruzada, cuando se hacen correctamente, pueden aumentar significativamente los ingresos de tu tienda Etsy y al mismo tiempo proporcionar valor adicional a tus clientes. Estas estrategias pueden ayudarte a construir relaciones más fuertes con tus clientes y aumentar el valor promedio de los pedidos. Con una implementación cuidadosa y ajuste continuo, puedes usar efectivamente la venta adicional y cruzada para hacer crecer tu negocio en Etsy.

Capítulo 15:
Adaptación a los Algoritmos de SEO de Etsy

Manteniéndote actualizado con las actualizaciones del algoritmo de Etsy

Como vendedor en Etsy, mantenerse actualizado con los cambios en el algoritmo de Etsy es crucial para asegurar el éxito y el crecimiento del rendimiento SEO de tu tienda. Adaptar y ajustar tu estrategia de SEO basándote en estas actualizaciones es esencial para mantener y mejorar la visibilidad y las ventas de tu tienda.

Pero, ¿cómo te mantienes al día con estas actualizaciones del algoritmo? ¿Dónde puedes encontrar fuentes confiables para mantenerte informado sobre los cambios y las mejores prácticas de SEO? Exploraremos algunos consejos y trucos para ayudarte a estar al tanto de las actualizaciones del algoritmo de Etsy.

Mantente actualizado con los cambios en el algoritmo de Etsy para asegurar el éxito y crecimiento de tu tienda.

Manual del Vendedor de Etsy:

El Manual del Vendedor de Etsy es un recurso invaluable para los vendedores para mantenerse actualizados sobre los cambios en el algoritmo y las mejores prácticas de SEO. Proporciona artículos detallados, guías y consejos para ayudarte a entender y navegar el mundo siempre en evolución del SEO en Etsy. Asegúrate de revisar regularmente el manual para actualizaciones y nuevos conocimientos.

https://www.etsy.com/seller-handbook

Foros Oficiales de Etsy:

Los foros oficiales de Etsy son una mina de oro de información para los vendedores. Los foros están llenos de discusiones, hilos y publicaciones de vendedores experimentados y personal de Etsy. Participar en estas discusiones puede proporcionarte conocimientos y perspectivas de primera mano sobre cambios en el algoritmo, estrategias e historias de éxito. Participar en los foros también puede conectarte con otros vendedores y ayudar a construir una comunidad de apoyo.

https://community.etsy.com/t5/Etsy-Forums/ct-p/forums

Redes Sociales:

Sigue las cuentas oficiales de redes sociales de Etsy, como Instagram, Facebook y Twitter. Estas plataformas a menudo comparten actualizaciones importantes, cambios en el algoritmo y consejos para ayudar a los vendedores a tener éxito en Etsy. Además, también hay muchos grupos y comunidades en redes sociales dedicados exclusivamente a discutir el SEO y las actualizaciones del algoritmo de Etsy. Únete a estos grupos para mantenerte en el círculo y conectarte con vendedores afines.

Instagram: https://www.instagram.com/etsy
Facebook: https://www.facebook.com/Etsy
Pinterest: https://www.pinterest.com.au/etsy/
YouTube: https://www.youtube.com/user/etsy
Twitter: https://twitter.com/etsy

Al mantenerte informado y adaptar tu estrategia de SEO según las actualizaciones del algoritmo de Etsy, puedes asegurar el éxito y crecimiento continuo para tu tienda en Etsy. Recuerda, mantenerse actualizado no tiene que ser aburrido; ¡puede ser un viaje divertido y emocionante de aprendizaje y crecimiento!

Asegurando el futuro de tu estrategia SEO

En lo que respecta a asegurar el futuro de tu estrategia SEO en Etsy, adoptar un enfoque proactivo es clave. En lugar de esperar a que ocurran cambios y reaccionar ante ellos, es importante anticipar estos cambios y mantenerse a la vanguardia. Al adoptar un enfoque SEO proactivo, puedes asegurarte de que tu tienda de Etsy esté bien posicionada para el éxito en el mundo en constante cambio de la optimización de motores de búsqueda.

Monitorear las tendencias de la industria y las mejores prácticas es una parte esencial de mantenerse proactivo. Estar atento a lo que está sucediendo en tu industria y entender cómo puede impactar en tu estrategia de SEO es crucial. Por ejemplo, si hay una nueva actualización del algoritmo que favorece ciertos tipos de contenido o palabras clave, querrás estar al tanto y hacer los ajustes necesarios en tus listados o etiquetas.

¿Pero cómo monitorear efectivamente estas tendencias e identificar las mejores prácticas? Una forma es participar en comunidades y foros en línea donde los vendedores de Etsy comparten sus conocimientos y experiencias. Estas comunidades a menudo están llenas de información valiosa y pueden ayudarte a mantenerte actualizado sobre las últimas estrategias de SEO que están funcionando para otros.

Otro recurso útil es seguir a blogueros influyentes o expertos de la industria que escriben regularmente sobre la venta en Etsy y el SEO, y que comparten consejos y técnicas útiles. Su experiencia y conocimiento pueden proporcionar información valiosa y mantenerte informado sobre cualquier cambio en el panorama del SEO.

Construir una base sólida y resistente de SEO es otro aspecto crucial para asegurar el futuro de tu estrategia. Esto implica optimizar los listados, etiquetas y descripciones de tu tienda con palabras clave relevantes, asegurándote de que se alineen con la intención de búsqueda de tu público objetivo.

Una forma de hacer esto es realizar una investigación exhaustiva de palabras clave para identificar palabras y frases relevantes que tus clientes

ADOPTA UN
ENFOQUE
PROACTIVO
Mantén un monitoreo
activo de tendencias y
mejores prácticas para
fortalecer tu estrategia
SEO.

potenciales utilizan para buscar productos como los tuyos. Al incorporar estas palabras clave en tus listados, aumentas las posibilidades de que tus productos sean encontrados por las personas adecuadas.

Además de la optimización de palabras clave, también es importante optimizar otros elementos de tu tienda, como imágenes de productos, títulos y descripciones. Cada uno de estos componentes contribuye al rendimiento general del SEO de tu tienda y debe ser cuidadosamente elaborado para atraer tanto a los motores de búsqueda como a los clientes potenciales.

Por último, no olvides la importancia de la experiencia del usuario. Los motores de búsqueda como Etsy valoran los sitios web y listados que proporcionan una experiencia de usuario positiva. Esto significa tener un sitio web de carga rápida, navegación fácil y contenido de alta calidad. Al centrarte en estos elementos, no solo mejoras el SEO de tu tienda, sino que también creas una experiencia agradable para tus clientes.

Construyendo una Marca Resiliente

En el competitivo mundo de Etsy, establecer una marca fuerte y resiliente es crucial para el éxito a largo plazo. Esta sección profundizará en estrategias prácticas y consejos para ayudar a los vendedores de Etsy a crear una identidad de marca memorable y mantener la consistencia en toda su tienda. Desglosemos los elementos clave para construir una marca resiliente en Etsy.

Define Tu Identidad de Marca

Descubre Tu Propuesta Única de Venta (PUV): Identifica qué hace únicos a tus productos. ¿Es el diseño único, el aspecto de sostenibilidad o quizás la historia detrás de cada artículo? Tu PUV debe ser la piedra angular de tu identidad de marca.

Crea una Historia de Marca Atractiva: Comparte tu viaje, inspiraciones y los valores que impulsan tu negocio. Una historia relatable e inspiradora puede crear una conexión profunda con tu audiencia.

Diseña un Logotipo y Visuales Memorables: Tu logotipo y estética visual son a menudo lo primero que los clientes notan. Asegúrate de que reflejen la personalidad de tu marca y atraigan a tu público objetivo.

Elige Tu Esquema de Color y Tipografía: El uso consistente de colores y fuentes ayuda a crear un aspecto cohesivo en toda tu tienda y materiales de marketing.

La Consistencia es Clave

Estética Uniforme de la Tienda: Asegúrate de que tus fotos de productos, banners y la disposición general de la tienda reflejen consistentemente la estética de tu marca. Esta consistencia visual ayuda a los clientes a reconocer fácilmente tu marca.

Mensajería Consistente en Todas las Plataformas: Ya sea en tus descripciones de productos, publicaciones en redes sociales o comunicación con clientes, mantén un tono y estilo uniformes que se alineen con la personalidad de tu marca.

Actualiza Regularmente Tu Tienda: Mantén tu tienda fresca y atractiva con actualizaciones regulares, nuevos listados y ofertas estacionales, todo mientras mantienes la esencia de tu marca.

Otros Consejos de Branding para Vendedores de Etsy

Interactúa con Tu Audiencia: Construye una comunidad alrededor de tu marca interactuando con clientes a través de conversaciones en Etsy, redes sociales y boletines por correo electrónico. Muestra aprecio por su apoyo y recopila comentarios.

Aprovecha el Embalaje y Materiales de Branding: Usa embalajes de marca, notas de agradecimiento y tarjetas de visita para causar una impresión duradera. Estos pequeños toques pueden mejorar la experiencia de desempaquetado y fomentar compras repetidas.

Cuenta Tu Historia a Través de las Redes Sociales: Utiliza plataformas como Instagram, Pinterest y Facebook para exhibir tus productos, compartir vistazos detrás de escena y contar la historia de tu marca de manera atractiva.

Enfócate en la Experiencia del Cliente: Un servicio al cliente excepcional puede diferenciar tu marca. Respuestas rápidas, abordaje efectivo de inquietudes y superación de las expectativas de los clientes pueden convertir a los compradores en fans leales.

Al definir una identidad de marca fuerte, mantener la consistencia e implementar estos consejos de branding, los vendedores de Etsy pueden construir una marca resiliente que no solo atraiga clientes, sino que también fomente la lealtad y confianza. Recuerda, una marca resiliente no es solo acerca de los productos que vendes; es acerca de la historia que cuentas y las experiencias que creas.

Inicia sesión en ChatGPT en: https://chat.openai.com/

Crear Listados y Descripciones de Productos en Etsy

Hola ChatGPT,

Me gustaría tu ayuda para crear un listado en Etsy para un producto que estoy vendiendo. Por favor, consulta los detalles a continuación y elabora una descripción de producto convincente que resalte sus características y atraiga a compradores potenciales.

Tipo de Producto: [Inserta el tipo de producto, por ejemplo, collar hecho a mano, crema de cuidado de la piel orgánica]

Materiales Utilizados: [Describe los materiales usados en el producto, por ejemplo, plata esterlina, manteca de karité natural]

Características del Producto: [Enumera las características clave del producto, por ejemplo, impermeable, hipoalergénico]

Puntos de Venta Únicos: [Menciona cualquier aspecto único, por ejemplo, diseño personalizado, materiales de origen local]

Palabras Clave: [Enumera palabras clave relevantes para SEO, por ejemplo, ecológico, inspirado en lo vintage, regalo para ella]

Público Objetivo: [Describe a tu cliente ideal, por ejemplo, compradores conscientes del medio ambiente, entusiastas de la moda vintage]

Nombre de la Tienda: [El nombre de tu tienda en Etsy]

URL de la Tienda: [URL de tu tienda en Etsy]

Estilo/Tono Específico: [Menciona si prefieres un estilo o tono específico en la descripción, por ejemplo, casual, profesional, caprichoso]

Información Adicional: [Cualquier otra información que creas que pueda ser útil, como rango de precios, historia del producto, etc.]

¡Gracias por tu ayuda!

Nota: Utiliza ChatGPT para asistirte en la creación del borrador inicial y para agilizar tu flujo de trabajo. Después de recibir el borrador, asegúrate de revisarlo y editarlo cuidadosamente según tus necesidades específicas. Además, realiza cualquier investigación necesaria para asegurar la precisión y relevancia.

BONUS: PROMPT PARA CHATGPT

Inicia sesión en ChatGPT en: https://chat.openai.com/

Sugerencias de Palabras Clave SEO para Etsy

Estoy buscando asistencia para identificar sugerencias de palabras clave SEO para mi listado en Etsy. A continuación, se detallan los datos de mi producto. Por favor, proporciona una lista de palabras clave relevantes y efectivas que puedan mejorar la visibilidad de mi producto en Etsy.

Tipo de Producto: [Inserta el tipo de producto, por ejemplo, collar artesanal, bomba de baño orgánica]

Características Principales: [Describe las características clave de tu producto, por ejemplo, hecho con materiales reciclados, aroma a lavanda]

Público Objetivo: [Define a tu cliente ideal, por ejemplo, compradores conscientes del medio ambiente, entusiastas de los spas en casa]

Uso/Función Principal: [Describe el uso o función principal del producto, por ejemplo, decoración del hogar, alivio del estrés]

Estilo/Tema: [Menciona cualquier estilo o tema específico, por ejemplo, bohemio, minimalista, vintage]

Materiales/Ingredientes: [Enumera los principales materiales o ingredientes, por ejemplo, plata esterlina, aceites esenciales]

Categoría de la Tienda: [La categoría de tu producto, por ejemplo, Joyería, Belleza y Bienestar]

Puntos de Venta Únicos: [Cualquier aspecto o punto de venta único, por ejemplo, firmado a mano, edición limitada]

Análisis de la Competencia: [Cualquier palabra clave conocida utilizada por competidores o tendencias de la industria]

Notas Adicionales: [Cualquier otra información relevante o consideraciones específicas para las palabras clave, como tendencias estacionales, influencias culturales, etc.]

Basado en esta información, por favor proporciona un conjunto de palabras clave optimizadas que podrían mejorar el SEO de mi listado en Etsy.

¡Gracias por tu ayuda!

Inicia sesión en ChatGPT en: https://chat.openai.com/

Crear Publicaciones y Hashtags para Redes Sociales

Estoy buscando mejorar mi presencia en redes sociales y me gustaría tu ayuda para crear publicaciones atractivas y hashtags para mi tienda de Etsy. A continuación, se detallan los datos:

Nombre de la Tienda en Etsy: [Inserta el nombre de tu tienda en Etsy]

URL de la Tienda: [Proporciona la URL de tu tienda en Etsy]

Tipos de Productos: [Describe brevemente los tipos de productos que vendes, por ejemplo, joyería hecha a mano, cuidado de la piel orgánico]

Público Objetivo: [Describe a tu cliente ideal, por ejemplo, entusiastas de la moda, compradores conscientes del medio ambiente]

Características Únicas de la Tienda: [Menciona lo que hace única a tu tienda, por ejemplo, diseños personalizados, prácticas sostenibles]

Temas/Eventos Próximos: [Cualquier tema o evento próximo que planees promocionar, por ejemplo, ventas de temporada, lanzamientos de nuevos productos]

Tono/Estilo Preferido: [El tono o estilo para las publicaciones, por ejemplo, amigable, informativo, caprichoso]

Ofertas o Promociones Especiales: [Cualquier oferta o promoción actual para destacar, por ejemplo, envío gratuito, códigos de descuento]

Número de Publicaciones Requeridas: [Especifica el número de publicaciones para redes sociales que necesitas, por ejemplo, 10]

Plataformas de Redes Sociales Preferidas: [Indica las plataformas para las que están destinadas estas publicaciones, por ejemplo, Instagram, Facebook]

Hashtags Específicos a Incluir: [Enumera cualquier hashtag específico que uses regularmente o que quieras incluir]

Información Adicional: [Cualquier otro detalle que te gustaría incluir, como imágenes específicas o enlaces a productos]

Basado en esta información, ¿podrías por favor crear [número] publicaciones para redes sociales completas con subtítulos atractivos y hashtags relevantes para ayudar a promocionar mi tienda en Etsy?

MUCHAS GRACIAS

Muchas gracias por invertir tu tiempo en leer "Secretos del SEO en Etsy". Esperamos que las estrategias y conocimientos compartidos en este libro te hayan empoderado para mejorar tu tienda en Etsy y alcanzar un mayor éxito.

ME ENCANTA TU RETROALIMENTACIÓN

Tu opinión significa mucho para nosotros y juega un papel crucial en nuestro camino.

Estaríamos increíblemente agradecidos si pudieras tomarte un momento para dejar una reseña en nuestra página de Amazon. Tu opinión no solo nos ayuda a mejorar, sino que también asiste a otros vendedores de Etsy en encontrar este recurso que podría marcar una diferencia significativa en su viaje emprendedor.

Tu apoyo y comentarios son invaluables, y estamos ansiosos por escuchar tus pensamientos.

¡Sigamos creciendo y teniendo éxito juntos en el vibrante mundo de Etsy!

www.ingramcontent.com/pod-product-compliance
Lightning Source LLC
Chambersburg PA
CBHW071052290526
45795CB00004B/1445